A COR DO SABOR
a culinária afetiva de Shin Koike

A COR DO SABOR
a culinária afetiva de Shin Koike

JO TAKAHASHI
fotos TATEWAKI NIO

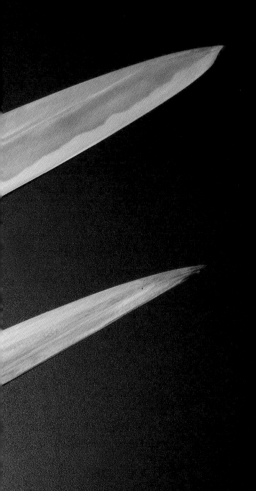

SUMÁRIO

AGRADECIMENTOS 6

PREFÁCIO 9

GASTRONOMIA É ARTE? 11

   A arte do sabor 13

   Cozinha e tradição 17

   Osechi ryôri 22

   Culinária, diplomacia, ciências e ecologia 24

   Consolidação de uma cultura alimentar 45

   Culinária: Uma arte integrada 55

   Niguirizushi no moriawase 57

   Palavras-chave na culinária japonesa 61

OS MANTRAS DO SABOR 75

   Em busca do sabor subliminar 77

   Filho de peixeiro 89

   A1, o começo de tudo 99

   A fase áurea do Aizomê 104

   Todo o universo vibra em Aum 127

DOIS SAMURAIS DO CORTE 133

O SABOR DO SOM 145

ENTRE RECEITAS E RECIPIENTES 155

UMA EXPEDIÇÃO GASTRONÔMICA 167

   Em busca dos sabores perdidos 168

   O dia Eatrip 179

   Sexta-feira: A chegada 181

   Oniguiri: O comfort food do Japão 187

   Sábado: O dia flutuante 191

   Domingo de luz 201

RECEITAS 209

AGRADECIMENTOS

Cozinhar é um ato de amor. O ingrediente universal, que não deve faltar em nenhuma receita, é o afeto. De todas as artes, a culinária é, certamente, a expressão mais amorosa e aquela que mais aproxima o artista e o apreciador de forma intensa e completa, convocando todos os sentidos do nosso corpo.

Por isso, a nossa reverência, em primeiro lugar, ao chef Shin Koike. Pela sua cozinha criativa e cheia de surpresas, que encanta paladares e olhares. Pela densidade de seus conceitos e filosofia que aplica diariamente na preparação de seus pratos. Seu ato é um caldo de afeto, e sua paciência em abrir seu mundo para a realização deste livro, um ato de generosidade quase intangível.

O olhar sensível, silencioso e concentrado do fotógrafo Tatewaki Nio possibilitou o registro visual deste mundo de Shin Koike, muitas vezes oculto nas sutilezas de sua cozinha. A cumplicidade dedicada a este livro extrapolou a dimensão dos pratos, focando o universo mais íntimo do artista Shin Koike. Era o nosso projeto tomando forma em cores e sombras que exalam delicados e profundos aromas.

Minha mais sincera gratidão ao editor Breno Lerner, pelo acolhimento ao projeto e pelo seu atento e sensível olhar também como estudioso e amante da cultura gastronômica. A Clarice Lima Fabricanti, responsável editorial, que com orientações precisas, sempre afetuosas, ajudou a colocar os talheres e pratos nos devidos lugares no momento desta degustação. À equipe da Editora Melhoramentos, que acompanhou cada etapa deste processo, para que não faltasse nenhum ingrediente. A Erika Kamogawa, pelo book design primoroso e o tempero visual que tornou esta nossa aventura ainda mais saborosa. A Liliana Granja de Morais e Sofia Nanka Kamatani, pelo trabalho de back stage e checagem de mantimentos.

Aos patrocinadores, que acreditaram neste projeto, como uma forma de difundir esse amor através dos paladares: Sr. Kazuya Mori, da Kikkoman do Brasil, interessado em difundir os verdadeiros sabores da cultura gastronômica japonesa; Sr. Shigeo Yamakawa, diretor-presidente da Yamaha do Brasil, grande entusiasta da culinária de Shin Koike; à Fundação Kunito Miyasaka, sempre atenta aos projetos que integram o Brasil e o Japão. Aos colaboradores anônimos, que viabilizaram este projeto de maneira sutil, mas sempre presente.

Meu profundo agradecimento a Dirce, minha esposa e parceira de todos os projetos de vida e que muniu esta iniciativa de entusiasmo e perspectivas claras. Às minhas filhas, Mika e Nina, que, cada uma com sua arte, ensinaram-me novos olhares, o que me permitiu, na prática, descobrir novas sensibilidades. E não poderia deixar de agradecer a todas as cachorras de nossas vidas – Pipoca, Angel, Mel, Lola, Teca, Nala, que partiu durante a escrita das últimas páginas, e a recém-chegada Bella –, para as quais preparamos, todos os dias, refeições com muito afeto: ossinhos de galinha e legumes tenros colhidos na chácara e cozidos num rico caldo, em retribuição ao amor incondicional que elas nos manifestam. Todos unidos pelos momentos de prazer que uma comida feita com amor pode proporcionar.

Este é, pois, um convite para compartilharmos este universo, permeado de sabores e saberes e temperado com muito amor.

Jo Takahashi, inverno de 2012

PREFÁCIO

O aparente paradoxo do título deste livro é revelado ao leitor, que provavelmente, como eu, vai lê-lo "de enfiada" do começo ao fim, com poucas paradas e rápidas reflexões.

Jo Takahashi, com seu enorme conhecimento da cultura e das tradições japonesas, desafia nossos cinco sentidos com seu texto sobre a fascinante figura de Shin Koike e sua arte.

Felizmente, cada vez mais chefs vêm descobrindo nos últimos tempos o que Koike demonstra e Jo descreve de forma categórica: o sabor tem cor, tem aroma e tem textura. E ninguém melhor do que os japoneses e sua culinária para nos revelar isso.

Afirma Jo que a tríade ten-chi-jin (céu-terra-homem), que rege a estética da arte tradicional japonesa e, por consequência, a estética da sua cozinha, mostra-nos como o céu envolve a terra, que produz os insumos, que o homem transforma. Ao transformá-los, agrega-lhes a sua arte, o que destaca os artistas dos demais mortais.

Shin Koike é um desses artistas, que as mazelas do destino colocaram no Brasil. Não satisfeito com o roteiro que se configurava à sua frente, resolveu modificá-lo, estabelecendo-se no Brasil. Seu fascínio pelos ingredientes locais só é superado por sua estética impecável e pela raríssima combinação de técnicas ancestrais com ingredientes atuais, o que resulta em sabor com cor, textura e aroma.

A leitura de *A Cor do Sabor* é um passeio pela cultura japonesa e pelas, por um lado complexa e por outro extremamente simples, criatividade e técnicas de Koike, que vai fascinar o leitor, cativar o estudioso e desafiar o cozinheiro.

Como o umami – o propalado quinto gosto descrito pelos japoneses no início do século XX –, *A Cor do Sabor*, com certeza, "despertará a sensação do delicioso" em todos aqueles que o lerem.

Breno Lerner

GASTRONOMIA É ARTE?

A ARTE DO SABOR

Se as artes visuais introduzem pelo olhar os paradigmas que compõem a estética das formas; se a música insinua nas sensações auditivas os acordes da expressão acústica e dela se apreendem as notas e melodias que encantam nossas almas; se a literatura nos revela, através das letras, o mundo, exterior e interior, e é "uma extensão da memória e da imaginação", como dizia o poeta Jorge Luis Borges; e, se a culinária, através da elaboração dos insumos apropriados, é capaz de alimentar corpo, alma e intelecto através das experiências gustativas, então, por dedução, podemos qualificar a gastronomia como arte.

Não é difícil entender como arte a proposta da culinária criativa do chef Shin Koike. A sua ousadia transcende até as regras da tradição gastronômica japonesa, introduzindo elementos que normalmente não visitariam a mesa servida com uma refeição clássica. Mas Shin Koike não está preocupado com as regras e, sim, com a reação que ele poderá provocar no comensal. Para ele, quanto mais inusitado, melhor. Uma ousadia a que os artistas frequentemente se lançam.

Ele não está sozinho nessa tendência. Com o status cultural que a gastronomia vem adquirindo nas três últimas décadas, a mídia e, mais especificamente, o mundo das artes, começam a reconhecer na gastronomia um processo de criação que pode ser mesmo bastante semelhante à expressão artística.

Nesse panorama, 1980 é um marco na linha do tempo. É o ano em que o hoje consagrado chef espanhol Ferran Adrià passou de simples lavador de pratos a cozinheiro e, a partir daí, a explorar os caminhos da cozinha molecular, ao lado de Heston Blumenthal, introduzindo novas tecnologias na culinária e provocando assim experiências de sabores e texturas gustativas jamais desbravadas.

O grande sinal de que os chefs podem mesmo estar adquirindo o status de artista, deixando de ser simplesmente alquimistas de sabores ou feiticeiros da cozinha, foi dado em 2007, quando, na prestigiada Documenta de Kassel, na Alemanha, ele, Ferran Adrià, que hoje atende na El Bulli Foundation, na Catalunha, Espanha, foi aclamado como artista no mais importante evento de arte contemporânea do planeta. O reconhecimento, pela crítica de arte internacional, de que a arte contemporânea mais uma vez conquista novas plataformas de ação era evidente. Quando toda a tendência mundial tentava explorar os novos territórios das artes na cidade, em forma de arte pública, ou na arte eletrônica, e em ambas o sentido da interatividade estava cada vez mais presente, a Documenta foi caçar novos valores na cozinha, um lugar tão improvável quanto não usual para a prática, pelo menos ortodoxa, da criação artística.

Tão revolucionária quanto a culinária de Adrià foi esta visão de que a arte pode mesmo estar em lugares inusitados, não no horizonte do conhecimento, mas inserida em nosso cotidiano, em nosso tato, olfato e paladar, e configurada no formato de uma arte efêmera, cuja apreciação se mede pelo tempo necessário para saciar a fome.

Ferran Adrià admite, com muita lucidez, que não é toda gastronomia que pode ser entronizada no patamar das artes, como nem toda pintura pode ser considerada arte. Mas um determinado tipo de gastronomia pode, sim, ser categorizado como tal, segundo o cozinheiro. E isso envolve pesquisa, pensamento inovador, respeito às tradições e criatividade, ingredientes também comuns a outras artes. Mas, acima de tudo, e isso também se aplica a todas as artes contemporâneas, a sintonia com o tempo e a mensagem para o futuro, algo assim como uma missão, ou função, das artes, neste momento em que a existência das coisas precisa ser sempre justificada.

É por isso que a atual gastronomia foca na sustentabilidade. O Encontro de Lima, um congresso gastronômico internacional realizado na capital peruana em outubro de 2011 e que reuniu os grandes chefs mundiais, os chamados G-9 – Ferran Adrià (Espanha), Heston Blumenthal (Inglaterra), René Redzepi (Dinamarca), Michel Bras (França), Alex Atala (Brasil), Gastón Acurio (Peru), Massimo Bottura (Itália), Dan Barber (EUA) e Yukio Hattori (Japão) –, publicou uma Carta Aberta aos Cozinheiros do Futuro. Nela, esses nove samurais da cozinha desejam que a profissão de cozinheiro seja uma ferramenta de revolução para transformar os pensamentos sobre alimentação no mundo. Ética, sustentabilidade, cozinha enquanto arte (e isso impõe uma postura autoral), macroeconomia, gastronomia orgânica, são alguns dos novos vetores que se impõem no fogão.

É por aí também que se procura entender a cozinha de Shin Koike. Nossas aventuras avançam por algumas experiências em que a busca pelos valores fundamentais do sabor passa por degustações experimentais, viagens gastronômicas, cruzamento com outras artes e pela intensa vontade do chef de combinar os temperos japoneses com os ingredientes brasileiros, numa comunhão gustativa que só uma profunda paixão é capaz de realizar.

COZINHA E TRADIÇÃO

O Japão, meca internacional da gastronomia, ostenta 31 restaurantes 3 estrelas do Guia Michelin, versão 2012, e mais de 400 com 2 e 1 estrelas, o que o qualifica como país com o maior número de estabelecimentos reconhecidos com padrão de excelência. Lá ainda persiste a consciência de que a gastronomia pertence ao sentido clássico das artes, daqueles que são herdados por gerações, via linha familiar ou na relação entre mestre e discípulo. Restaurantes consagrados contam quatro séculos de existência ininterrupta, como é o caso do Hyôtei, em Kyoto, hoje administrado pela décima quinta geração do fundador. Neles se pratica uma culinária de excelência formal, com postura artesanal, e seu padrão é mantido há séculos, muito antes da fama internacional que os holofotes do recente jornalismo gastronômico lhe dirigiram. A intimidade da culinária japonesa tradicional com outras artes, especialmente com a criação dos jardins e a cerimônia do chá, está ligada à sintonia que essas artes têm com as mudanças sazonais e como delas são absorvidas a linguagem e a mensagem estética. Evidencia-se, assim, o status de arte que a cozinha japonesa sempre ostentou, sem precisar de justificativa pública.

O fato é que essa intimidade da culinária tradicional japonesa com as outras artes, lembrando também a cerimônia do chá, introduziu até no ato da refeição em si o apelo à estética. Daí não ser novidade para o universo japonês a culinária ser considerada arte.

Hoje, congressos como o Encontro de Lima potencializam a troca de ideias. Chefs e insumos circulam com mais dinamismo pelo mundo e experimentam criações alheias não para copiar, mas para se inspirar mutuamente. Assim, os conceitos da culinária tradicional japonesa vêm sendo comentados como uma das grandes fontes de inspiração também na culinária ocidental, especialmente a partir da *nouvelle cuisine* francesa que ostensivamente adotou procedimentos do kaiseki ryôri (a refeição em diversas etapas, servidas em sequência) do Japão. É aí que entra a importância de conhecer o peso das tradições e o reconhecimento das técnicas. Muitas dessas técnicas são resultado do conhecimento depurado por séculos, saberes herdados sobre os quais é dispensável qualquer questionamento.

Antes de querer ser um Adrià ou um chef exuberante, o cozinheiro tem que conhecer a técnica assimilada em seu próprio corpo. Essa é a lição que todos os chefs importantes dão a iniciantes no ramo. O manejo da faca e das panelas é um procedimento que o corpo instruído deve responder quase intuitivamente, como um pintor trabalha com seus pincéis ou

No entanto, a realidade que se nota é outra. Além de falta de conhecimento técnico e do correto manuseio dos utensílios, o jovem pretendente a cozinheiro muitas vezes se lança no mercado sem a devida noção das tradições e, muitas vezes, da técnica. O conhecimento dos saberes essenciais da cozinha é a única maneira para se permitir criar uma culinária autoral, e o caminho até lá é longo e, na maioria das vezes, tedioso, pois exige uma prática constante.

Para alguns chefs, porém, é um erro pensar em gastronomia como arte. Além de sua efemeridade, pode-se dizer muito pouco num prato de comida, justificam-se. Outra limitação fundamental é que a gastronomia é uma relação interpessoal entre o cozinheiro e o comensal e, mesmo que seja num banquete para centenas de pessoas, há uma limitação imposta pela logística e pelos implementos. Ou seja, seria questionável rotular como arte um ritual que tem receptores exclusivos e previamente determinados.

No Japão, no entanto, a efemeridade já é um padrão estético e quase uma condição para algo se tornar arte. Se não, a transformação dos jardins japoneses de acordo com as mutações das estações a desqualificaria como arte. O que dizer, então, do ikebana, o delicado arranjo floral que dura o tempo médio de sobrevivência das flores separadas da planta original? E se a efemeridade é incorporada como linguagem também na poesia, na literatura, na música e no cinema, por que não na culinária?

investir em requinte, sutileza e poesia e potencializar o apelo visual através de composições plásticas no prato sempre constituíram um assunto que atraiu os chefs de cozinha dos restaurantes mais tradicionais. Para esses chefs, a gastronomia, exatamente por ser efêmera, proporciona a plena interação das intenções do criador, o chef, com o comensal. É aquele momento mágico e de surpresa que vai se descortinando na sequência dos pratos de uma típica refeição kaiseki, constituindo uma narrativa visual e gustativa, tão apropriada quanto a leitura de um romance ou a audição de um concerto, com direito a movimentos, ritmos e apoteoses. E, ainda no que diz respeito à destinação limitada da comida, isso também não seria problema na estética japonesa. O ritual do chá, o chanoyu, muitas vezes é praticado em cubículos de menos de nove metros quadrados, onde cabem três ou quatro pessoas. E nem por isso o chanoyu deixa de ser considerado arte, pelo menos na categoria de artes tradicionais, assim como a caligrafia shodô, a pintura sumiê ou a composição de poemas tanka. O charme, no caso do chá, está exatamente no processo de apreciar a evanescência do tempo, que se completa mais ainda se houver um entorno de natureza trabalhada, como um jardim japonês, o microcosmo mais adequado para a ambientação dessa prática.

OSECHI RYÔRI

Um banquete para começar o ano

O Japão não tem tradição cristã. As comemorações de Natal são meros pretextos comerciais, promovidos por alguns restaurantes para oferecer, digamos, um evento exótico. É no Ano-Novo que o Japão capricha. E, no quesito culinária, destaca-se o osechi ryôri. Como o Ano-Novo é feriado, quase todos os restaurantes fecham suas portas. O osechi ryôri é essencialmente uma culinária doméstica, preparada tradicionalmente pelas donas de casa, para oferecer às visitas de parentes.

O chef Shin Koike preparou um típico osechi ryôri para esta publicação. O prato, entretanto, não está disponível em seu cardápio tradicional.

O osechi ryôri tem uma conotação religiosa, de oferenda aos deuses, desejando uma colheita farta, paz e tranquilidade para a família e prosperidade aos filhos e descendentes.

Todos os alimentos que compõem o osechi ryôri são acondicionados em finas caixas laqueadas, chamadas jûbako (caixas empilhadas). São três caixas justapostas, cheias de iguarias.

As caixas, como ficam à disposição das visitas durante alguns dias, não recebem ingredientes crus.

Na primeira caixa, o Ichi-no-Jû, vão pequenos aperitivos, que são saboreados com uma dose de sakê. Os mais comuns são o kazunoko (ovas de arenque, que aqui receberam folhas de ouro, para dar uma conotação de celebração), o kuromame (soja preta), o kamaboko (pasta de peixe, semelhante ao *gefiltefish*), o omelete doce, os tazukuris (filhotes de peixe caramelizado com açúcar, shoyu e mirin).

A segunda caixa, o Ni-no-Jû, recebe as iguarias grelhadas. Peixe pargo e camarão são as estrelas dessa caixa. No entanto, o chef Shin Koike se permitiu uma recriação, já que este osechi ryôri foi feito no Brasil. Ele introduziu um filé de pirarucu grelhado e finas fatias de picanha, enrolando aspargos ao molho de missô com maracujá, introduzindo assim elementos da culinária brasileira numa tradição tipicamente japonesa.

Para a terceira caixa, o San-no-Jû, são reservados os legumes cozidos, em caldo dashi e shoyu. Entram kabotcha (abóbora japonesa), inhame, cenoura, enormes cogumelos shiitake, gobô (bardana), renkon (raiz de lótus), konnyaku (uma gelatina firme feita de batata) e gengibre.

CULINÁRIA, DIPLOMACIA, CIÊNCIAS E ECOLOGIA

No Japão, a cerimônia do chá tem também um caráter receptivo. Muitas autoridades estrangeiras, especialmente as que visitam o país em missões diplomáticas, são convidadas a experimentar o chanoyu. Por essa peculiaridade, o chá tem também um forte apelo de promoção da diplomacia e do conhecimento de cultura nipônica. Neste quesito, a gastronomia também cumpre sua finalidade diplomática, pois é impensável uma reunião de chanceleres sem um jantar de confraternização. Kazuaki Obe, cônsul--geral do Japão em São Paulo até junho de 2012, fechou uma parceria com o premiado chef Shin Koike, praticante de uma nova culinária japonesa que une elementos de outras identidades, como a francesa, adota ingredientes brasileiros, como o pirarucu, e exercita uma culinária japonesa de precisão com toques autorais. O chef foi sempre convocado para preparar os banquetes na residência oficial do cônsul para as personalidades convidadas. Essas ocasiões pedem um protocolo de qualidade que reúna o prazer da boa comida com o discurso das identidades, bem ao gosto da diplomacia. E o chef Shin Koike é consciente de seu papel, a serviço da imagem de uma nação.

Segundo o teórico do *slow food*, o italiano Carlo Petrini, a gastronomia é uma ciência aglutinadora de outras ciências, como a química (especialmente na culinária molecular isso se torna evidente) e a física, assim como a biologia, a ecologia, a sociologia, a economia e a psicologia. E por que não incluir a geografia e a política? E, extrapolando todas as ciências e talvez até ingressando no território da filosofia, por que não entender a gastronomia como uma ciência da felicidade? Afinal, comemos desde que nascemos. O leite materno é o primeiro banquete de nossas vidas e já vem carregado de umami, o quinto sabor, o gosto da densidade. O segundo é a comida da mãe, e desta ninguém esquece. Por trás das aventuras gastronômicas, há uma busca incessante pela felicidade. A filosofia do *slow food* segue os caminhos da ecogastronomia, unindo o prazer com uma alimentação responsável, que está atenta à economia do planeta, à biodiversidade e à ética com a natureza.

Além de ter potencial para pertencer às artes, exercendo a excelência do fazer artesanal e poder ser uma ferramenta para uso diplomático, a gastronomia ainda ensaia um namoro com a ciência, propondo a culinária molecular de laboratório. Atualmente, mais uma vocação da gastronomia está sendo descoberta, e esta vem dos campos da ecologia.

A despeito de toda essa tendência de ampliar o campo de ação da gastronomia, é preciso retornar mais uma vez aos conceitos da culinária japonesa e perceber que todas essas extensões da culinária já estavam nitidamente desenhadas no Japão tradicional.

Ten-chi-jin (天・地・人), ou céu-terra-homem, é a tríade que rege a estética japonesa, e nela se inclui a culinária. O céu envolve e contém todos os insumos. A terra os produz e transforma. Produto e testemunho do céu e da terra, o homem é formado pelas mesmas substâncias dos insumos. Assim, a vida é resultante das mudanças e transformações que regem o ciclo da natureza. É uma fisiologia cósmica, irrefutável, inexorável. Por isso, para os japoneses, o sentido e a coerência não são originados do espírito humano, mas da ordem do microcosmo.

Essa ordem da natureza é explicada também pelo taoismo, que diz que o homem só consegue se organizar de forma correta se integrado à natureza, pelo caminho do Tao. Os peregrinos taoistas se retiravam da sociedade para poder contemplar a natureza e assim compreendê-la através da intuição e da observação. Esses conceitos chineses moldaram a filosofia zen-budista, e hoje percebemos que os conceitos que regem a ecologia estão muito sintonizados com esses pensamentos orientais.

CONSOLIDAÇÃO DE UMA CULTURA ALIMENTAR

Em todas as culturas, o sistema alimentar constitui a plataforma de sua existência. É o mesmo sistema que rege a preservação das espécies animais. Quando uma etapa do ciclo alimentar é quebrada, há o risco de uma espécie desaparecer ou provocar migrações, desestruturando todo o ecossistema. A garantia do sistema alimentar das espécies constitui a base e a condição para a existência delas. Quando os hominídeos da espécie *homo sapiens* se dispersaram pela Terra, tentaram encontrar alimentos dentro do seu sistema ecológico e geográfico. Aqueles que não conseguiram, tentaram migrações e diásporas.

A fase primitiva da humanidade, calcada na colheita de raízes e pequenos animais, deu lugar, há mais de 10 mil anos, ao controle rudimentar de sua cadeia alimentar com a adoção da agricultura e da pecuária.

Os povos que se assentaram em terras férteis desenvolveram a agricultura, especialmente de cereais, e basearam sua existência no trigo e no arroz. Já os povos que vagavam pelo norte da Eurásia aprenderam a domar carneiros e renas, criando a pecuária nômade e extraindo dela a carne para a sua sobrevivência.

A ocupação do arquipélago japonês aconteceu por volta de 14 mil anos antes de Cristo, no final da quarta glaciação. O povo jômon descendia da tradição coletora, mas foi surpreendido com a riqueza das terras japonesas. Com a abundância da água e dos produtos marinhos, supriu as necessidades de proteínas. Já no final da era Jômon, teve início o cultivo do arroz, que passou a integrar a dieta junto com as avelãs. Foi então que começou a surgir a base fundamental da dieta dos japoneses, que não mudou muito no decorrer dos milênios seguintes: arroz, produtos do mar e grãos essenciais para a obtenção das proteínas. Dos produtos marinhos, destacavam-se a sardinha da costa marítima e o bagre dos rios. Já nessa era existem registros de produtos feitos à base de soja.

Mas a dieta japonesa se consolidou mesmo na era Azuchi-Momoyama, entre 1573 e 1603. Nessa época, praticamente todos os pratos da culinária japonesa estavam criados e provados. Surgiram também as regras de etiqueta típicas da culinária japonesa. A introdução da cultura ocidental da era Meiji encontra a dieta japonesa consolidada desde essa época.

Toda cultura é sustentada por um repertório de sabores que compõem o que se pode chamar de culinária nacional, em oposição à culinária internacional. Essa culinária agrega elementos da sabedoria secular e popular à obtenção e ao preparo dos insumos e, por estar diretamente ligada à construção do prazer, tem um inerente processo de criação que em muito se assemelha à construção artística. Além de inspirar os valores mais subjetivos da cultura, ela é também construtora de identidade.

A construção do sabor é composta da doçura, do salgado, da acidez, do amargor e do picante. Cada cultura tem sua maneira própria de obter esses sabores essenciais de fontes de seu meio ambiente e transformá-los em condimentos, criando o sabor nacional. A combinação desses condimentos, harmonizados pela sabedoria do tempo, é que cria a identidade do sabor cultural.

Para os japoneses, os ingredientes básicos que identificam a sua culinária provêm da soja: o shoyu e o missô. Evidentemente, existem outros ingredientes que se somam a eles, como o sal e o vinagre, além de muitos outros produtos essenciais, mas nada é mais fundamental do que o missô e o shoyu.

Os registros históricos apontam que o shoyu e o missô adquiriram a forma e consistência atual na era Azuchi-Momoyama. Foi nessa época que se consolidou o padrão do arroz como prato principal, acompanhado de missoshiru (sopa de missô), dos peixes e dos frutos do mar. O missô e o shoyu entraram como condimentos essenciais no hábito alimentar japonês. Mas o que havia de temperos, antes dessa época? Havia, desde a era Jômon, um exemplar rudimentar do shoyu, chamado hishio, que viria a ser o protótipo comum do shoyu e do missô.

O hishio era obtido da fermentação natural de alimentos curtidos em sal. Eram empregados o peixe, a carne, verduras e cereais, e cada um deles produzia uma fermentação própria, com gostos diferenciados.

Há menções sobre o hishio na literatura chinesa clássica, especialmente em *Zhôuli – Rituais dos Zhou* (周礼), escrito entre os séculos IV e III a.C., o que comprova que os chineses já usavam esse tempero desde aquele período, em especial os temperos à base de peixe, que se alastrou pelo Sudeste Asiático, onde se popularizou com o nome de nam pla, e que dá o sabor característico da culinária do Vietnã, da Tailândia e mesmo da China, na região adjacente a esses países.

No caso do Japão, há registros de que avelãs eram empregadas para a produção desse condimento desde a era Jômon. Mas somente na era Yamato (616-894) é que a produção em larga escala começou a se esboçar. No período Nara (710-794) já se instalou uma repartição pública para administrar a produção do hishio, e na era Heian (794-1185), no apogeu cultural, o hishio passou a ser comercializado de leste a oeste. A matéria-prima era o karabishio, proveniente da China e produzido, essencialmente, com soja e trigo.

Já o missô teve um desenvolvimento a partir do hishio. Além de condimento, era usado para manter os alimentos por longo período em conserva. Já na era Azuchi-Momoyama, era comum o emprego do missô como conhecemos agora, no missoshiru, mas era usado também em cozidos e grelhados. Tratava-se realmente de um ingrediente de multiuso, portátil (era usado em acampamentos de guerra). Os monges o utilizaram para desenvolver o shôjin ryôri, a culinária vegetariana zen-budista.

Mas foi no xogunato Tokugawa (1603-1868) que o missô ganhou variações de tipo e gosto. Foi quando as diferenças de temperos regionais se destacaram, e mesmo hoje o "missô da terra" ainda é um produto querido e venerado.

A trajetória autônoma do shoyu se inicia na era Kamakura (1185-1333). Como muitas das descobertas culinárias da humanidade, o shoyu também ficou conhecido por acaso. Um monge descobriu acidentalmente que o líquido que vazava do barril de missô tinha um sabor excepcional e resolveu usá-lo para temperar os alimentos. Foi o início da independência do shoyu. Já na era Azuchi-Momoyama, havia fabricação de shoyu, mas ainda não em quantidade suficiente, o que o tornava um produto de luxo. Foi na era Edo (1603-1868) que o shoyu começou a frequentar as mesas populares, passando a ser empregado em cozidos, grelhados e refogados. Tornou-se também o condimento ideal para os macarrões, como o udon e o soba. As cidades de Noda e Choshi, na província de Chiba, nas redondezas de Edo, hoje Tóquio, se notabilizaram pela fabricação de shoyu, e mesmo hoje elas mantêm as suas fábricas originais. Duas famílias se destacaram no desenvolvimento desse condimento: Mogi e Takanashi fundaram a primeira fábrica para elaborar o shoyu na cidade, que tinha a seu favor mão de obra abundante na área ao redor de Edo; uma rede de transporte fluvial pelos rios Tonegawa e Edogawa; e a planície de Kanto, com a maior produção de soja e trigo do Japão naquela época. Instalou-se

o império da Kikkoman, que ainda preserva procedimentos de fabricação adotados há mais de 350 anos. Por isso, é o único shoyu que tem autorização para ser servido na Casa Imperial. Uma vez por ano, o excedente dessa produção é vendido no varejo, mas é preciso encomendar com antecedência, e a fila de espera é grande. Todos querem provar a iguaria que encanta a Família Imperial há quatro séculos.

Temos uma boa notícia. O melhor shoyu começa a entrar no mercado brasileiro, em razão do crescente interesse do público gourmet. Mas não só. Os grandes chefs, como Shin Koike, fazem questão de usar o shoyu elaborado de forma autêntica; não pela marca ou por preciosismo, mas pela leveza e refinamento do sabor exigidos em sua criação.

CULINÁRIA: UMA ARTE INTEGRADA

Depois de ter toda a cadeia alimentar consolidada e a produção de seus condimentos essenciais, os japoneses passaram a se preocupar também com os aspectos estéticos da culinária. Isso vem da tradição zen-budista, e o ato de comer é associado a um ato de purificação: as formas que os ingredientes ganham durante o preparo, a composição de cores do prato, a harmonia dos sabores, o perfume dos alimentos. O arranjo dos pratos expressa a linguagem das estações do ano. Há um pouco do paisagismo dos jardins, um pouco de ikebana, um pouco da cerimônia do chá.

Salientar o frescor dos ingredientes é também um grande diferencial da culinária japonesa. Ao contrário da culinária francesa, que investe nos molhos, a japonesa apresenta os alimentos crus ou quase crus. Servir o ikizukuri, o peixe e alguns frutos do mar ainda vivos e se mexendo, muito além de ser um ritual de crueldade, é uma exaltação do frescor.

Pode-se dizer que a gastronomia é um ofício fundamentado nos saberes da tradição e da cultura, mas se permite hoje criações autorais, integrada a outras artes e ciências. A gastronomia japonesa pode ser uma referência para essa tendência, pois agrega à sabedoria das tradições seculares a ação estética que se sintoniza com a natureza, hoje um parâmetro valioso em qualquer manifestação artística.

Foi num ambiente assim que o chef Shin Koike cresceu. Filho de peixeiro que se tornou posteriormente um sushiman, ele não precisou de escola para aprender o ofício, pois, à semelhança dos artesãos, os peixeiros repassavam de pai para filho os conhecimentos da profissão.

NIGUIRIZUSHI NO MORIAWASE

Isso sim é um Festival de Sushi. O chef Shin Koike preparou esta celebração de cores e aromas. Acompanhe pela ordem da esquerda para a direita e de cima para baixo.

SUZUKI: robalo cru com uma tira de broto de alho-poró

TAI: pargo grelhado

TORO SHIMOFURI: a parte mais marmorizada do atum, com cebolinha e nabo ralado

AKAMI: atum

HOTATE: viera envolta em folha de shiso e limão-siciliano

AJI: carapau com gengibre e cebolinha

SHIME SABA: cavala curtida no vinagre

UNAGUI GRELHADO: Enguia grelhada envolta numa tira de alga marinha

CAMARÃO COZIDO

SHIME SABA: a mesma cavala curtida, potencializada com gergelim ralado, cebolinha e gengibre

MAGURO: atum grelhado com nabo ralado

HOTATE HIMO: vieira envolta numa tira de alga marinha

AKAMI: atum cru

TAI: pargo preparado com shoyu, saquê e mirin e decorado com gengibre

BURI NO ONAKA: barriga de olho-de-boi, a parte mais saborosa do peixe

TAI: pargo grelhado com limão

KATSUO: peixe-serra com cebola roxa em tiras e gengibre ralado

UNI: ouriço-do-mar com meia rodela de limão-siciliano

SHIITAKE: cogumelo grelhado

KAIWARE: broto de nabo envolto numa tira de alga marinha (nori do Japão) com katsuobushi (lascas de peixe seco)

TORORO IMO: cará em tiras finas envolto numa tira de alga com um toque de missô

KYÛRI: Pepino em finas tiras envolto numa tira de alga marinha e ume (ameixa vermelha japonesa em conserva)

HOTATE NO GUNKAN MAKI: vieira envolta em alga marinha com finas tiras de pimenta--malagueta e cebolinha picada

UNI NO GUNKAN MAKI: ouriço-do-mar envolto em alga marinha

PALAVRAS-CHAVE NA CULINÁRIA JAPONESA

O governo japonês pleiteia a classificação, pela Unesco, da culinária japonesa como Patrimônio Cultural Intangível, que passará então a figurar entre outras tradições culinárias, rituais e artes cênicas de várias regiões do mundo, já designadas com esse status. Até hoje, um total de 229 bens intangíveis foi incluído nessa lista, sendo 18 do Japão. Entre eles estão as expressões teatrais tradicionais: o Kabuki, o Nô e o Bunraku.

Alguns termos explicam conceitos da culinária japonesa. Através deles conseguimos desvendar os códigos dessa culinária e entendê-la melhor.

ICHIJÛ-ISSAI (一汁一菜)

A tradição é um dos pilares que sustentam a culinária japonesa. Séculos de experimentações e descobertas levaram a um estado de depuramento do gosto que poucas culturas no mundo atingiram. A composição básica da refeição é chamada de ichijû-issai: uma tigela de arroz, uma pequena porção de picles, uma sopa de missô e uma posta de peixe grelhado. Essa frugalidade resume a essência da mesa japonesa, que enfatiza sempre os produtos da estação, preparados com simplicidade, sem mascarar o gosto natural dos ingredientes.

SHÔJIN RYÔRI (精進料理)

A culinária shôjin, originariamente criada pelos monges no século XIII, é basicamente vegetariana, portanto, não inclui peixes e frutos do mar. Entram no cardápio somente os ingredientes da estação, colhidos das matas: raízes, tubérculos, grãos, nozes e folhas, em apresentações visuais requintadas. Hoje, o shôjin ryôri é preparado com técnicas sofisticadas.

KAISEKI (懐石料理)

O kaiseki é uma refeição completa realizada em várias etapas e hoje é sinônimo de alta gastronomia japonesa. Uma experiência que realça o contraste de sabores e técnicas de preparo etapa por etapa. Em geral, o kaiseki começa com uma entrada, que pode ser cozida ou crua, composta de alimentos que simbolizam a terra, o mar e a montanha. Em seguida vêm um consomê suave, um prato agridoce, um sashimi, para refrescar, um prato cozido, para esquentar, um prato a vapor, e então começam os pratos mais consistentes: grelhados e sushi, terminando com uma fritura. Cada chef tem sua maneira de compor o kaiseki. Como a sequência dos pratos exige técnicas diferentes de preparo e cocção, o kaiseki é considerado um grande desafio para qualquer cozinheiro.

SHUN NO AJI (旬の味)

Devido à sua posição geográfica, o Japão tem as quatro estações bem definidas, com características marcantes. A natureza oferece, em cada estação, produtos típicos do momento, e a culinária soube tirar o melhor proveito dessa condição. Assim, frutos do mar, peixes, ostras são retirados em sua melhor época, bem como os ingredientes vegetais, que são colhidos e servidos em seu melhor frescor, garantindo não só densidade de sabor, como também os melhores valores nutricionais. Apreciar as estações por meio do paladar foi a maneira que os japoneses encontraram de se sintonizar com o tempo. Shun no aji (旬の味), o gosto da estação, entroniza as qualidades sazonais à mesa.

MORITSUKE (盛り付け)

Beleza Visual – A apresentação dos pratos é um item essencial na culinária japonesa. Ela começa com os diferentes cortes que um ingrediente pode receber. Peixes e vegetais, especialmente, ganham atrativos visuais e até dramaticidade com uma simples variação de cortes. Uma das características da gastronomia japonesa são suas apresentações tridimensionais, compondo relevos sobre o prato. Uma combinação de cores, padrões e formas cria uma aparência que transcende o próprio paladar. O recipiente – cerâmica, vidro ou porcelana – é essencial para finalizar esse resultado. Comer com os olhos é a primeira degustação oferecida pela culinária japonesa, e isso a qualifica como uma obra de arte.

UMAMI (旨み)

A sensação gustativa é determinada pelos sabores aceitáveis, conhecidos como gostos básicos: a doçura, o salgado, o azedo, o amargo e, por último, o umami, que tem uma percepção mais complexa, mas é o elemento que confere o sabor delicioso aos alimentos. O umami foi identificado cientificamente, pela primeira vez, pelo dr. Kikunae Ikeda, da Universidade Imperial de Tóquio (hoje Universidade de Tóquio), em 1908, quando analisava o caldo básico da culinária japonesa, preparado com a alga konbu desidratada. Esse caldo contém altas doses de glutamato monossódico, um sal sódico do ácido glutâmico, responsável pela densidade do sabor que provoca a sensação do delicioso.

Além do ácido glutâmico, foi comprovado também que mais dois elementos são fundamentais para a produção do gosto umami: o inosinato e o guanilato, conhecidos por realçar sabores. O guanilato, especificamente, pode ser extraído dos cogumelos shiitake. No estado bruto, esses três elementos são encontrados em alimentos como o aspargo, a trufa, a cenoura, carnes de modo geral, frutos do mar, peixes, em especial a sardinha, tomate maduro e queijos fortes. O shoyu produzido com a receita tradicional (ou seja, exclusivamente com soja, trigo e sal), muito utilizado na dieta nipônica, é uma rica fonte de umami, assim como o leite materno.

Por ter sido descoberto por um cientista japonês, a palavra umami é mantida como consenso no mundo gastronômico. A culinária japonesa sabe explorar muito bem o gosto umami dos alimentos, mas é preciso salientar que ele pode ser experimentado também em receitas de várias nacionalidades. Na cozinha brasileira, dois pratos se destacam pelo sabor umami acentuado, resultado da combinação harmoniosa de ingredientes que têm esse elemento em potencial: a feijoada e a moqueca de peixe.

OS MANTRAS DO SABOR

EM BUSCA DO SABOR SUBLIMINAR

Shinya Koike, mais popularmente conhecido como Shin Koike, nasceu no outono de 1957, em Kunitachi, na área metropolitana de Tóquio. A época era de reconstrução. Juntar os cacos que tinham sobrado da Segunda Guerra Mundial, que acabara havia doze anos, e remontar uma nação. Existiam boas perspectivas para isso. Havia uma florescência no ar, uma espécie de renascimento das cinzas. Durante alguns anos após a derrota japonesa na Segunda Guerra Mundial, a economia ficou quase estagnada em virtude da destruição sofrida pelo país com uma séria escassez de alimentos, uma inflação descontrolada e um mercado negro que operava nos subterrâneos do cotidiano. O Japão perdeu suas extensões além-mar, e a população ultrapassou a marca dos 80 milhões de habitantes, com o acréscimo de cerca de 6 milhões de repatriados do exterior. Mas o povo japonês começou a reconstruir a economia devastada pela guerra, auxiliado no início pelos Estados Unidos. E, na época em que Shin nasceu, várias reformas sociais implementadas após a guerra já estavam moldando uma estrutura sólida que culminou com o grande desenvolvimento econômico nas décadas seguintes. A nova Constituição desmilitarizou o país e proibiu a nação de entrar em conflitos armados, regra que ainda hoje é mantida. Grandes proprietários de terras foram obrigados a redistribuir as áreas cultiváveis aos agricultores arrendatários, criando-se assim uma cadeia de produção alimentar incentivada pelo novo governo. Sindicatos ganharam autonomia, e a estabilidade nos empregos foi assegurada por essa nova onda econômica. Havia uma demanda crescente do mercado pela televisão e o automóvel, dois bens de consumo que alavancaram a indústria japonesa para o mundo.

Shin nasceu praticamente junto com a Torre de Tóquio, concluída em 1958. Com seus 333 metros de altura, superou em 13 metros a sua fonte de inspiração, que era a Torre Eiffel, em Paris. Apesar de mais alta, consumiu pouco mais da metade em aço: 4 mil toneladas, contra as 7 mil toneladas de sua irmã francesa. A leveza exigiu da engenharia civil e da arquitetura soluções mais ousadas, considerando também que ela deveria resistir aos abalos sísmicos frequentes no território japonês. Mas, para além da altura ou das conquistas de tecnologia de construção, a Torre de Tóquio era a materialização de um símbolo, de que a derrota na guerra era um assunto superado e de que os japoneses tinham que mirar o céu, onde o limite seria estabelecido pelo tamanho de sua vontade de reconstruir a nação. Era o maior ícone da superação e da ascensão japonesa.

Foi assim, num clima de otimismo exacerbado, impulsionado pela crescente aceitação dos produtos *made in Japan* no mundo, que Shin passou sua infância. Havia um investimento pesado em novas tecnologias, consolidado pelo elevado nível de poupança das famílias, que proporcionou aos bancos e instituições financeiras dar cobertura e lastro ao desenvolvimento da iniciativa privada, que até a Segunda Guerra não recebia incentivos do governo militar.

Às vésperas de completar sete anos, quando Shin ingressou na escola primária, tinha início a Olimpíada de Tóquio, em 1964, outro marco importante na história do Japão moderno. Era a primeira Olimpíada em solo asiático e marcava a reintegração do Japão no cenário internacional após a derrota na Segunda Guerra Mundial. A pira inaugural foi acesa por um jovem atleta de dezenove anos, Yoshinori Sakai, que nasceu em Hiroshima, no exato dia da explosão da bomba atômica. Nada mais simbólico para um ritual de renascimento.

FILHO DE PEIXEIRO

O pai de Shin era peixeiro e mais tarde abriu seu balcão de sushi, o Restaurante Sushi Sho. Grande conhecedor de peixes, daqueles que sabem de que águas vieram só de ver as guelras, o pai logo iniciou Shin na arte do melhor corte de sashimi. Apesar de receber a iniciação no balcão do pai, Shin era irrequieto e rebelde. Não se contentou em obter os ensinamentos fáceis do balcão familiar. Seu olhar flertava com a exuberância plástica da *nouvelle cuisine* francesa, lá por volta de 1975, quando ela chegou ao Japão, trazendo novos dogmas culinários. Entre as lições que Shin assimilou, e que ainda pratica aqui no Brasil, estão a redução do tempo de cocção dos peixes, frutos do mar e legumes, o uso de ingredientes frescos — o mais frescos possível, uma boa marinada nas carnes, o abandono dos molhos pesados, como o bechamel, e, principalmente, o caráter inventivo dos pratos.

A prática de cinco anos no tradicional Escoffier, no classudo bairro de Guinza (Ginza), em Tóquio, formatou a postura culinária de Shin Koike. Grande parte de seu repertório vem dessa fonte. O restaurante faz homenagem a Auguste Escoffier (chef que revolucionou a cozinha francesa e estabeleceu os parâmetros da sua culinária moderna) e foi fundado em 1950, no coração de um bairro que conta com as mais antigas lojas de departamento, como a Mitsukoshi, e hoje ostenta em suas esquinas as mais famosas lojas de grifes internacionais, como Dior, Armani e Hermès.

É possível imaginar o desapontamento do pai com a escolha do filho, a quem ele, como todo japonês tradicional que pretende ter um herdeiro de seu ofício, gostaria de repassar todos os segredos de sua arte. As tentativas foram muitas. Mas Shin continuava sua empreitada autônoma. Foi convidado para gerenciar os restaurantes da Disneylândia de Tóquio, inaugurada em 1983. Lá passou quatro anos, desempenhando serviços administrativos, o que lhe rendeu a experiência empreendedora que ele iria colocar em prática futuramente no Brasil.

Aí aconteceu uma das passagens mais misteriosas de sua vida. Certo conhecido (que depois, soubemos, desapareceu do nada) fez a Shin uma proposta. Ele desejava investir em gastronomia no Brasil e pediu a Shin que fosse conhecer o país, para pesquisar suas demandas, avaliar seu mercado potencial. O misterioso investidor lhe pagou a passagem, as despesas e alguns meses de trabalho. Foi o suficiente para Shin se encantar com o Brasil. Isso foi no início de 1990, uma fase conturbada da economia brasileira, que ainda lutava para domar a inflação.

Shin retornou ao Japão com alguns resultados da pesquisa, mas não encontrou o tal conhecido. Tinha sumido e até hoje não reapareceu na vida de Shin. O fato é que Shin fizera algumas boas amizades em São Paulo durante sua pesquisa e não pensou duas vezes: resolveu retornar ao Brasil, pois percebia, agora mais do que ninguém, a possibilidade que existia por aqui de colocar em prática sua experiência como chef autoral. Foi acolhido em restaurantes de primeira linha na época, como o Aoi, o Tamayura (reduto exclusivo de empresários japoneses) e o Rangetsu of Tokyo, onde ainda presta consultoria.

No Rangetsu of Tokyo, restaurante que pertence a uma fábrica de incenso e cuja matriz fica em Ginza, Tóquio, quase vizinha ao Escoffier onde Shin iniciou seu estudos culinários, trabalhou sob a orientação do experiente chef Junsuke Inoue, com quem se alinhou na proposta de uma culinária que harmonizava receitas japonesas com ousados toques ocidentais. O salmão grelhado com molho agridoce de maracujá e missô continua um hit do cardápio até hoje.

Por um pequeno período, Shin fez sua primeira investida autônoma. Fundou o Mosaic, que mostrou os primeiros esboços de sua culinária, então chamada *fusion*, porque mesclava culinária japonesa com toques franceses e já despertava o interesse da crítica gastronômica paulistana como algo novo que estava chegando.

A1, O COMEÇO DE TUDO

O primeiro empreendimento autoral de Shin foi o A1, aberto em 2004, um minúsculo bistrô japonês instalado no subsolo do prédio onde funciona o Consulado-Geral do Japão em São Paulo. Ocupou o mesmo lugar onde funcionou o Komazushi, do lendário Takatomo Hachinohe, considerado o maior sushiman de todos os tempos no Brasil. De lá, ainda lembram alguns, saíam impecáveis sushis, e os mais exaltados afirmam sem pestanejar que ainda hoje são insuperáveis. Foi nesse pequeno espaço que, herdando o peso da excelência, Shin passou a assinar pratos, digamos, experimentais. Rabada com molho ponzu foi uma de suas criações que surpreenderam muita gente, profissionais da gastronomia inclusive. Estava lá criado o primeiro laboratório gastronômico de Shin Koike. Ele tinha inovado também na maneira de servir os pratos: uma sequência pensada do começo ao fim, como uma peça sinfônica. Havia uma narrativa, as línguas sensíveis escutavam os timbres. Os acordes ainda a ser afinados, é verdade, mas havia uma intenção de tornar essa sinfonia mais audível e apreciável.

A1 se pronuncia Aum, e é um mantra, o mais poderoso dos cânticos, o som da energia do Universo. Pronunciar a palavra Aum já é uma experiência gustativa. O "a" começa lá no fundo da garganta; com o "u" a boca se fecha como que represando o som e dando-lhe ressonância; e, por fim, o "m" fecha completamente a boca, para uma extensão gustativa do som, liberando-o pelas narinas. Os monges tibetanos e budistas entoam o Aum com a precisão de estarem se sintonizando com o som e os movimentos do Universo. Isso, ao mesmo tempo, é estar devoto para a apreciação do que acontece ao seu redor. Os monges dizem que Aum é um mantra de quatro elementos. Contamos três: a-u-m. E onde está o quarto? Está no vazio, no silêncio, que precede e dá sequência ao cântico, como numa boa degustação, que se inicia com o silêncio contemplativo e termina com o silêncio degustativo que ecoa na alma. O Aum é o início e o fim de todos os elementos da natureza. E Shin tem o foco centrado no essencial, que o perseguirá a partir de então.

Em 2007, resolveu-se fazer uma grande reforma no edifício onde estava instalado o A1. Os restaurantes situados no sub-solo do prédio seriam transferidos para uma praça de alimen-tação no andar superior. Estariam lá os estabelecimentos que tradicionalmente faziam parte do núcleo de gastronomia do prédio, aos quais se somariam também *fast foods*, para aten-der a uma demanda mais popular.

A Shin não agradava essa vizinhança. Não a vizinhança em si. Mas estar dentro de um universo de diversidade, no qual nem sempre o importante seria a apreciação da comida, e cuja frequência estaria no simples aplacamento da fome. Nos meses de preparação de mudança, Shin começou a arquitetar a construção de um restaurante seu, definitivo. Não mais um pequeno bistrô, para atender nove ou dez comensais, mas um lugar onde pudesse colocar em prática, de fato, a sua culinária de criação, com as ousadias que as experimentações lhe permitiram consolidar.

No silêncio, como é de praxe aos japoneses quando se preparam para um pulo maior, contou com a adesão de novos sócios, que lhe deram carta branca para compor um ousado cardápio, em que o forte era o "menu confiance". O A1 foi entregue a seu chef assistente, Daiske Takao, que, por mais algum tempo, atendeu os clientes que tinham ficado hipnotizados com o mantra do A1, enquanto Shin preparava o segundo mantra

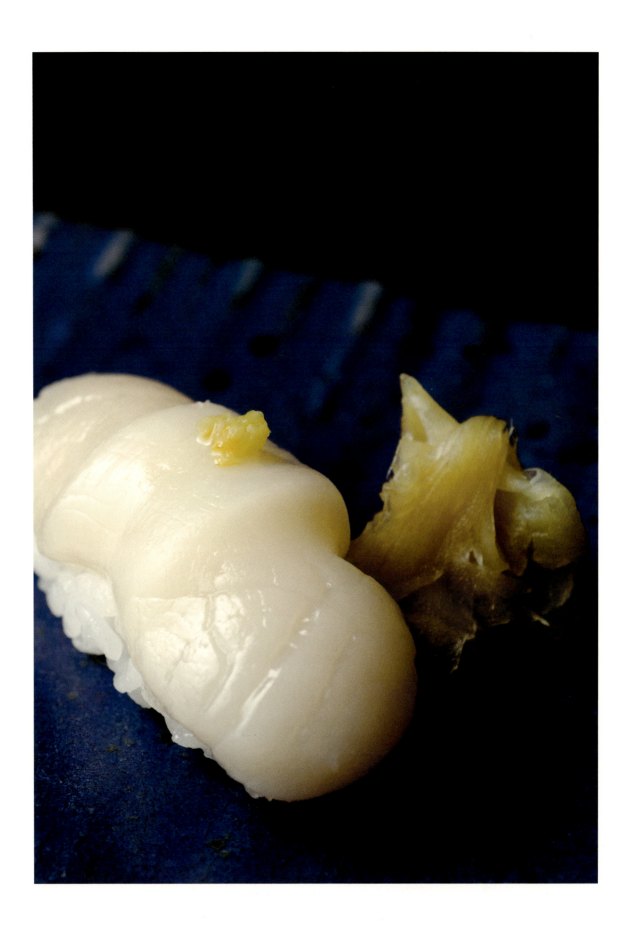

A FASE ÁUREA DO AIZOMÊ

Estava tudo pronto para a inauguração do segundo templo da gastronomia de Shin Koike. O Aizomê foi inaugurado no dia 3 de maio de 2009.

Se o A1 era um cântico e fisgava a clientela pelas vibrações sonoras do mantra, o novo espaço da gastronomia de Shin teria uma amplitude musical ainda maior. Shin introduziu uma trilha sonora que dá o tom ambiental no seu restaurante, focada no *mellow jazz*, nas vozes de Diana Krall, Laura Fygi, Nina Simone, Jane Monheit e Madeleine Peyroux, sem esquecer o CD da paixão de Shin, *Casa*, com Jacques e Paula Morelenbaum e Ryuichi Sakamoto. A seleção musical partiu do universo íntimo de Shin. É a trilha ambiental que entra como mais um ingrediente para enriquecer o sabor criado pelo chef Shin Koike.

O nome Aizomê foi inspirado numa técnica tradicional de tingimento de tecido com anil. A cor obtida é o azul índigo. Essa é a cor do sabor de Shin Koike. Trata-se de um azul profundo, que lembra o infinito. A cozinha criativa de Shin Koike almeja atingir esse infinito de sensações gustativas, aliando a densidade do umami, a apresentação visual e, acima de tudo, o afeto, este, sim, um ingrediente que não pode faltar na sua cozinha.

O recado do seu autor foi dado no sistema proposto do cardápio. A cada dia, uma nova combinação de pratos, um menu confiance rotativo. Assim, o cliente assíduo poderia vir todos os dias da semana e dificilmente veria o mesmo cardápio repetido. Esse menu confiance, disponível em sua plenitude nos jantares, recebeu uma versão abreviada no almoço, para refeições executivas mais rápidas, porém diferenciadas. O que chama a atenção nas criações do chef Shin no seu Aizomê são mesmo os pratos com referências da autêntica e tradicional culinária japonesa, mas reinventada, ora pelas influências francesas adquiridas no Escoffier de Ginza, ora pela introdução de ingredientes bem brasileiros, como é o caso do tsukemono de chuchu, uma inesquecível conserva da hortaliça-fruto tão característica de nossa terra, preparada em salmoura com cachaça, outra bebida tipicamente brasileira, resultando, porém, em uma das mais marcantes entradinhas do cardápio do Aizomê.

Alguns pratos, que podem ser pedidos à la carte, impressionam pela complexidade do sabor. O tempura de cogumelo Portobello, a pescada-branca à meunière ao molho de milho-verde e o filé-mignon empanado e recheado com foie gras são todos criações baseadas em receitas típicas japonesas, com uma releitura francesa ou introdução de elementos brasileiros.

Aizomê é uma técnica de tingimento. "Minha culinária é um tingimento. Os ingredientes que vão chegando a mim, eu os vou tingindo de acordo com a minha cor", filosofa o chef Shin Koike. Sim, é uma filosofia e um conceito de criação. Uma pista para entender os sabores desse lobo solitário da cozinha.

A excelência desse trabalho autoral foi reconhecida pela revista *Veja*, que anualmente premia os melhores restaurantes da cidade de São Paulo, a grande capital gastronômica do país. O Aizomê foi eleito o melhor restaurante japonês do ano 2009-2010 e coroou, com incontestável reconhecimento, a trajetória de Shin Koike. Tratava-se, acima de tudo, de um reconhecimento da crítica e do jornalismo especializado na arte desse chef que, munido de sua sólida bagagem e formação na culinária tradicional japonesa, ousou experimentar os segredos da cozinha francesa e descobriu nos ingredientes brasileiros uma nova fonte de texturas e sabores. Harmonizados com maestria, em vez de se tornarem em uma enorme confusão, como muitas cozinhas *fusion* derraparam, esses pratos elaborados por Shin Koike se transformaram em obras de arte. Efêmeras, por terem seu momento de permanência reduzido, mas eternas no encantamento da memória.

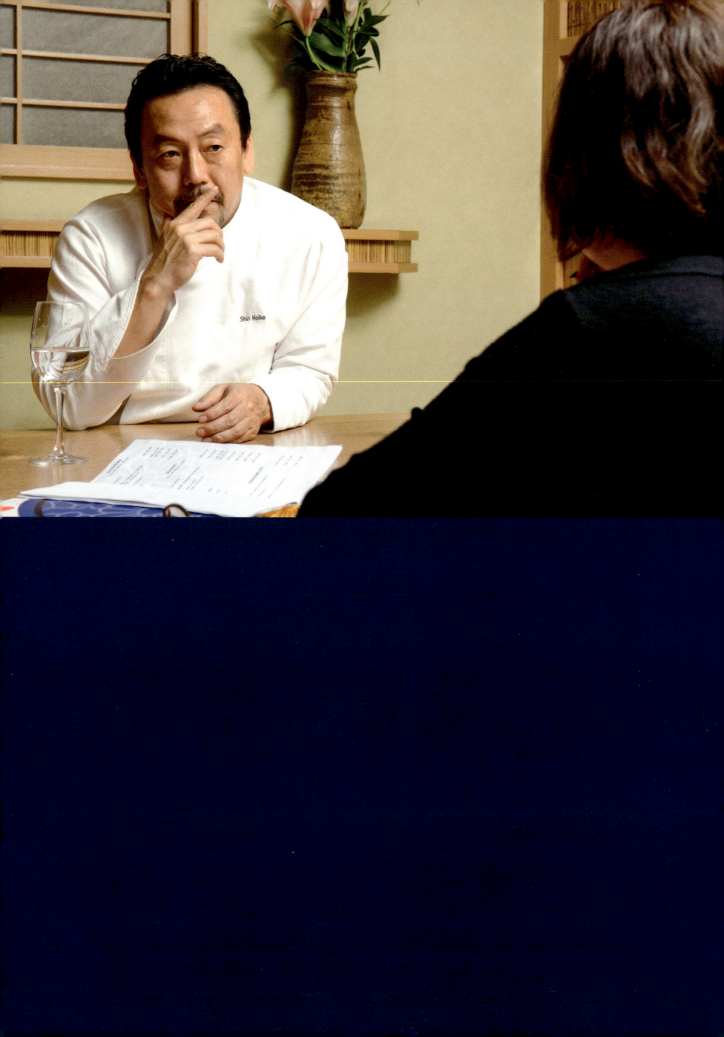

O título de melhor restaurante japonês não lhe subiu à cabeça. Muito pelo contrário. Só introduziu mais gás no inquieto temperamento de Shin. Foi convidado pela Sociedade Brasileira de Cultura Japonesa e Assistência Social, importante instituição da comunidade japonesa em São Paulo, para dirigir a recém-criada Comissão de Difusão da Gastronomia Japonesa. O cargo lhe traria muitas responsabilidades, como dividir seu tempo com novas atribuições de caráter cultural. Abraçou com entusiasmo a nova missão. Foi através dessa Comissão que foi possível realizar alguns eventos internacionais de gastronomia japonesa, como as palestras e demonstrações de culinária shôjin, a cozinha vegetariana budista, do chef Toshio Tanahashi. Ou, falando de outro segmento radicalmente oposto, introduzir no mercado brasileiro a carne wagyû, a marmorizada carne bovina desenvolvida por técnicas japonesas. Mais recentemente, o chef Shin foi procurado também para organizar um evento sobre soba, o macarrão de trigo sarraceno, com um artesão vindo de Sendai, região atingida pelo terremoto e pelo tsunami em 2011. O chef artesão, Koichi Mori, foi uma das vítimas dessa catástrofe natural, que levou seu estabelecimento, o Koimon-ya, um dos cada vez mais raros estabelecimentos especializados em pratos tradicionais, como o soba.

Receber esses artesãos do Japão, organizar eventos em forma de palestras e demonstrações, além das degustações, é um modo eficiente de divulgar os sabores do Japão e mostrar não só à crítica especializada, mas também aos jovens chefs que pretendem se iniciar na cozinha japonesa, os reais encantos dessa gastronomia.

"Esse é também um modo de fazer frente à disseminação de uma culinária pseudojaponesa que domina o mercado hoje", avalia Shin Koike. "Isso não pode se transformar numa tendência, e acredito que nosso trabalho educativo vai mostrar ao público brasileiro a importância das referências corretas", conclui.

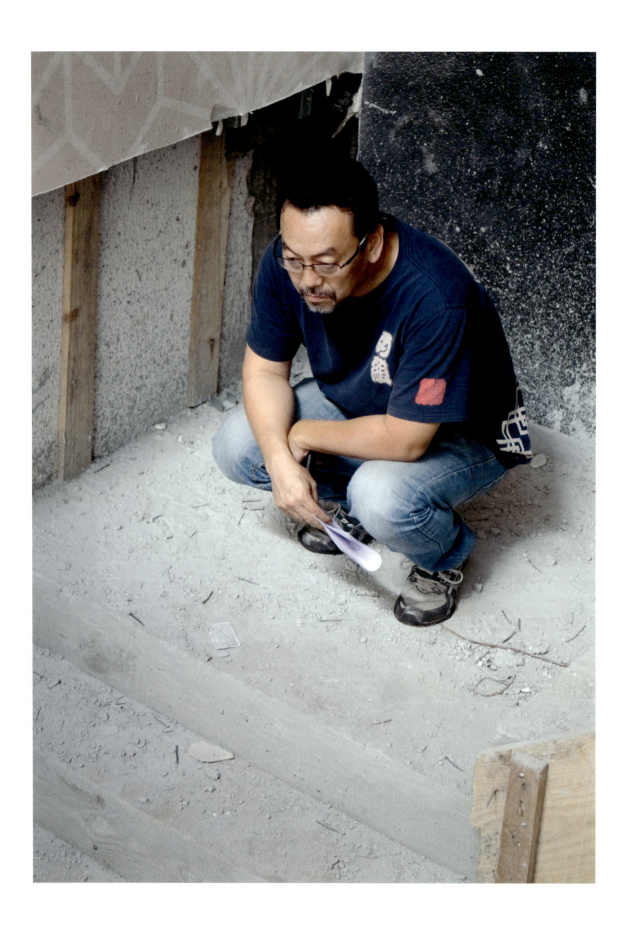

TODO O UNIVERSO VIBRA EM AUM

Como todo artista, Shin nunca está satisfeito com o estágio atual de sua obra. Aliás, instalar-se no conforto de ter seu trabalho reconhecido não é propriamente uma habilidade de Shin Koike.

Insatisfeito com uma gastronomia refinada que só atende com um menu confiance, resolveu, em meados de 2011, popularizar sua cozinha. "Desta vez, meu desafio é retornar a uma culinária do conforto, dos sabores que falam ao coração."

Um retorno? Sim, a vida é formada por ciclos, ensinam os manuais de consenso.

Para Shin, esse exercício tem também um sentido semântico. Um retorno para começar na letra A e no número 1. Esta é a senha: Aum. Sim, aquele miniestabelecimento que Shin teve que deixar ressurge com novas energias. Novos sons de mantra. Este som, A-Um, é o princípio de tudo. O mais poderoso dos cânticos. O som da energia do Universo. "Por isso, todo o Universo vibra em A1", brinca Shin.

E desta vez o foco vai para o saquê, o líquido sagrado. Shin introduz em seus conceitos de empreendimento o Sakagura, a adega de saquê. O local tem inspirações nos izakaya, os botecos que se espalham por todo o Japão, acolhedores pontos de encontro, onde as pessoas podem tomar sua bebida acompanhada de petiscos em pequenas porções, como as tapas espanholas.

Por isso o Sakagura A1 é um estabelecimento que se divide em dois: um boteco descontraído e um espaço gastronômico intimista. O lado descontraído tem uma arquitetura de izakaya. No térreo, para acolher rapidamente os clientes que vêm à procura de um happy hour ou para fechar a noite com estilo. Já o espaço intimista fica no andar inferior, como uma cave, com sushi bar, onde se pode degustar os melhores rótulos de saquê.

Propostas diferenciadas, para momentos diferenciados.

Aliando essas duas propostas, Shin Koike harmoniza sua culinária afetiva com a cozinha autoral num único lugar. Esse é o grande diferencial que se torna o desafio da maturidade de Shin.

O projeto arquitetônico é assinado pelo arquiteto Samy Dayan, e a direção de arte é de Akira Goto. Muita madeira para criar a atmosfera do *estilo sukiya* da arquitetura tradicional japonesa e cartazes antigos para recriar um Japão de outrora, uma inspiração saudosista.

A ambientação do Sakagura A1 tem temática retrô de um Japão do início do século XX. Talvez para lembrar os tempos em que o Japão se abria para o Ocidente e acolhia suas influências.

Isso é, numa dimensão mais intimista, o que Shin Koike tem feito em sua trajetória, unindo fino artesanato com influências externas para criar voos autorais que elevam seus sabores a patamares subliminares.

DOIS SAMURAIS DO CORTE

Dois autênticos samurais importados do Japão. Errantes. Ambos, lobos solitários. Suas armas: um tem a tesoura, o outro, a faca. Em comum, a obsessão pelo corte preciso.

O carisma de Hideaki Iijima brota dessa obsessão. O corte perfeito, para ele, representa compor o cabelo extraindo as potencialidades do rosto, enaltecendo qualidades, propondo transformações. Mais do que artesão, ele é um mago das tesouras, um artista do corte, porque ele exige de sua obra essa renúncia da indiferença, transformando cabeças em contribuição plástica para o entorno do lugar-comum. Em busca dessa transformação, milhares de cabeças passaram a procurar sua rede de salões de beleza, a segunda maior do Brasil, um império construído em trinta anos por esse japonês errante que chegou ao Brasil em 1979. Não é pouco para quem chegou por aqui sem saber falar um "obrigado" e com apenas uma tesoura no bolso.

Já o samurai Shin Koike está mais próximo das espadas. Aliás, os artesãos das espadas continuaram no ofício mesmo após a Restauração Meiji (a partir de 1868), quando os samurais deixaram de existir e o porte das espadas foi proibido no Japão. Com as mudanças sociais, alguns artesãos de espadas passaram a confeccionar facas, especialmente as destinadas à alta gastronomia. Shin tem especial predileção pelas facas Aritsugu, sendo uma, especial, herdada de seu pai, já com tamanho reduzido de tanto ser amolada. E é com elas que prepara suas obras de encantamento gustativo e visual. Detalhe: Shin carrega sempre as suas facas, cuidadosamente embaladas em pano e acondicionadas em uma caixa de madeira. Ele diz que as facas são a sua alma. Eles têm que estar sempre juntos.

O encontro entre os dois samurais foi proposto para ser um bate-papo informal sobre a vida deles no Brasil e sobre os motivos da vinda de ambos a este país.

Iijima – Em matéria de cutelaria, a marca alemã Solingen é imbatível no mundo todo. As facas japonesas também são excelentes, e sua técnica de produção vem de uma tradição de mais de quatro séculos de história. Os artesãos de espadas, que foram proibidos de fabricá-las no novo regime após a Restauração Meiji, tiveram que migrar para a confecção de facas, mas sofreram imposições legais de controle de produção anual. Afinal, as facas também são armas poderosas, e o governo limitou a sua produção para ter esse controle de segurança. Só que, com essa imposição, os artesãos cuteleiros não puderam sobreviver. Passaram então a produzir também tesouras. Eu diria que mais da metade das tesouras japonesas são produzidas por esses artesãos que herdaram técnicas de cutelaria de espadas. Mas tesouras e facas, em sua essência, têm conceitos de corte diferentes. Por isso, essas tesouras japonesas não se alinham muito com a minha teoria de corte. Da mesma forma, acredito que exista um universo de facas que eu não conheço. Outro dia, fiquei sabendo que existem facas diferentes para o corte do sashimi. A faca de Kansai (região de Osaka) é aquela chamada yanagiba, comprida e com ponta fina. Já a faca de Kantô (região de Tóquio) é retangular, mais própria para descascar e cortar legumes.

Koike – Sim, a faca retangular é chamada de takohiki.

Iijima – Pois é, eu acredito que os chefs querem possuir um arsenal de boas facas.

Koike – Quando resolvi fincar o pé no Brasil, eu me propus a não me apegar muito aos velhos costumes. Isso não significava o abandono das tradições, mas é fato que não queria ficar me preocupando com o que não existia aqui. Essa foi a condição que eu impus a mim mesmo para viver no Brasil. Para operar uma cozinha, por exemplo, eu não tinha condições de oferecer a todos os jovens cozinheiros uma faca japonesa, que exige uma formação muito específica para o seu manuseio. Meu desafio então passou a ser até onde podemos chegar utilizando exclusivamente as facas disponíveis no mercado brasileiro. Já no meu caso, nunca deixei de usar as facas com as quais sempre me identifiquei. Essa é a única maneira que o meu corpo conhece de obter um resultado satisfatório.

Iijima – Realmente, as facas são mesmo a alma do cozinheiro.

Koike – No caso da culinária japonesa, a precisão e a estética do corte são fundamentais, e somente as facas japonesas podem proporcionar esse resultado. Num corte de sashimi, a diferença na qualidade do corte é visível a olho nu, especialmente nos cantos. A faca japonesa permite esse corte preciso por causa de seu fio, chamado de kataba, e é especialmente adequada para o bom acabamento do corte de peixes. Já as facas ocidentais têm fio duplo, que deformam o corte.

Iijima – E existem clientes que percebem essa diferença tão tênue?

Koike – Sim, o cliente brasileiro está cada vez mais exigente e reconhece bem a diferença na qualidade do corte. É um público bem informado, que tem acesso ao Japão através de suas viagens de negócios. Essas pessoas exigem o mesmo padrão de comida e de serviços que encontraram no Japão, e no Brasil acabam selecionando os estabelecimentos que oferecem essa qualidade.

Iijima – Mas o mercado brasileiro está infestado de restaurantes que oferecem uma comida japonesa que não é japonesa e que está longe do padrão a que você se refere. São estabelecimentos que não estão preocupados em oferecer uma culinária de raiz. O que você almeja com a sua cozinha? Você quer mostrar aos brasileiros a real e autêntica culinária japonesa?

Koike – Bem, acho que o primeiro encontro que tivemos foi há cerca de catorze anos. Já naquela época pressenti um enorme potencial de crescimento da culinária japonesa no Brasil. Eu conseguia enxergar um leque de grandes possibilidades. Mesmo agora, o que prego e prezo é que se deve entender que o que sustenta a culinária é a cultura. Isso significa valorizar o básico. Tenho convicção da minha responsabilidade de transmitir esse básico aos brasileiros.

Iijima – Não nego o acolhimento da culinária japonesa no Brasil. Isso é um fato e fenômeno visível até para o cidadão comum. A minha dúvida é se isso se deve a uma moda passageira ou se é uma tendência inexorável e se, de fato, os brasileiros estão desejando conhecer a real culinária japonesa. No meu caso, eu trouxe uma arte de cabeleireiros, bem típica da escola japonesa, que foi uma novidade para o Brasil. Queria que essa novidade fosse acolhida e adaptada ao padrão e à sensibilidade do brasileiro e que ganhasse uma nova vida por aqui. Mas, no seu caso, o que vejo é que você, Shin, persegue a transmissão do essencial, das bases da culinária japonesa. Eu já atingi uma posição mais neutra, minha arte hoje é japonesa e brasileira. Portanto temos focos diferentes. Mas torço para que você transmita esses reais valores japoneses através da culinária. Rosanjin (Kitaoji Rosanjin – 1883-1959), ceramista e o maior gourmet da história japonesa, era, essencialmente, um radical. Ele até questionava por que o sashimi teria que ser cortado à faca. Não poderia o peixe ser desfiado com as mãos? Um chef famoso do tradicional Kitchô nunca teve sua própria faca. Ele se adaptava àquelas de que cada nova cozinha dispunha. O entusiasmo estava acima de seu estilo. Hoje, por vezes, não conseguimos distinguir se uma comida é de fato japonesa autêntica ou se é uma culinária autoral com referências japonesas.

Koike – Na época em que o conheci, eu ficava especialmente apreensivo com a freguesia japonesa, porque queria preparar pratos que fossem aceitos pelos japoneses radicados aqui. Mas isso foi uma fase. Em seguida, voltei-me para a culinária doméstica. Isso, sim, despertou enorme curiosidade nos brasileiros. Então eu percebi que era esse o meu ponto de partida. O uso correto do shoyu, por exemplo, foi um passo didático nesse processo.

Iijima – Nos anos 1980 houve um boom da culinária japonesa, por apregoar uma alimentação saudável, de fácil digestão. Acho impressionante na culinária japonesa a valorização real dos ingredientes. Sem desmerecer as outras culinárias, a japonesa se destaca em extrair o potencial de cada ingrediente. Será que os brasileiros estão de fato querendo conhecer mais a fundo essa arte?

Koike – 70% da clientela ainda corre atrás dos modismos. Os outros 30% já perceberam a diferença fundamental e é dentro desse núcleo que está havendo transformações. São pessoas que já vivenciaram a culinária japonesa no Japão e querem repetir essa experiência também no Brasil. A educação gustativa se baseia em experiências, e esse núcleo dos 30% procura se aprofundar mais ainda no universo da cozinha japonesa. Quanto aos 70%, aqui também vejo uma conquista, pois a culinária japonesa conseguiu entrar no modo de vida do brasileiro médio e, mesmo que seja pelo rótulo e pelas aparências, é um avanço considerável.

melhor aproveitamento dos ingredientes, acredito que ela possa ser valorizada também do ponto de vista da sustentabilidade, com importantes ensinamentos para o mundo.

Koike – Surge essa necessidade de deixar ensinamentos para as futuras gerações, e creio que nossa missão esteja mesmo muito além da transmissão de receitas.

Iijima – Isso. Acho que nós, que deixamos o Japão como morada para trás e escolhemos o mundo para viver, temos essa missão de transmitir a alma japonesa através de nossos ofícios.

o Takahashi – Tanto Iijima quanto Koike encontraram aqui, no Brasil, matérias-primas diferentes, novas para o seu repertório inicial. No caso dos cabelos, o Brasil provavelmente oferece o maior leque de padrões e tipos de cabelo do mundo em um só país. Como foi para vocês se deparar com essa multiplicidade de matérias-primas, que, em última análise, representa a cultura brasileira?

Koike – Uma vez definido o Brasil como minha plataforma, eu tenho que adequar a minha culinária aos insumos que podemos colher por aqui. Afinal, essa é a grande lição da culinária japonesa: sempre valorizar os ingredientes locais, mais abundantemente colhidos em suas estações. Sou contra o purismo de usar apenas ingredientes japoneses, até por motivos econômicos. Mas há um tipo de consumidor que dá valor a uma comida mais cara. Este nem sempre se guia pelo sabor, mas pelas cifras.

Iijima – Há quem ache que a culinária japonesa é uma cozinha saudável porque utiliza pouca gordura. Eu não acredito que seja só por isso. É saudável por ser uma comida balanceada. É como o ying e o yang. Uma boa combinação de alimentos alcalinos com alimentos ácidos. Por isso deve ser difundida como um padrão de alimentação para o mundo. Só que, para isso, sim, ela tem que se tornar mais acessível. Por isso, seu projeto de que o melhor da culinária japonesa seja desenvolvido aqui com ingredientes locais tem meu apoio incondicional.

Koike – A cozinha de um restaurante é um trabalho de equipe, que pesquisa e experimenta diariamente as potencialidades dos ingredientes e dos sabores até chegar ao consumidor final. São etapas muito anteriores ao corte dos ingredientes ou à composição visual dos pratos, como o trabalho de abrandar o gosto acentuado de determinado peixe.

Iijima – Sim, no meu universo também acontece isso. Cortar o cabelo do cliente é apenas uma das etapas de um longo processo que o cabeleireiro tem que vivenciar. Em muitos casos essa formação básica é desprezada, e muitos estagiários meus querem logo

aprender a fazer cortes exuberantes. Eu procuro sempre mostrar-lhes que o caminho da formação é uma escola para a vida inteira, que transcende os modismos. Isso envolve a limpeza. A humildade do cabeleireiro de limpar o seu salão. Eu varro meu quarteirão há dezessete anos, todas as manhãs. Hoje, alguns vizinhos se integraram a essa prática. Nós temos um dos quarteirões mais limpos da cidade. Isso é construir um ambiente.

Koike – Lutamos na cozinha contra o egocentrismo, porque nosso trabalho é coletivo. Eu vendo em meu restaurante, o Aizomê, o Omakassê, uma refeição completa que é servida em etapas, um menu confiance. Seu conteúdo muda todos os dias, o que é bom para o cliente assíduo. Mas é bom também para os cozinheiros, pois eles não têm uma rotina monótona e são obrigados a pensar sempre na temperatura do dia, na luz da estação. Eu sempre faço com que meus cozinheiros se sintam responsáveis, cada um deles, por esse processo coletivo de trabalho.

Iijima – Com isso você procura transmitir a essência da culinária japonesa...

Koike – Isso é tão difícil quanto transmitir uma cultura. Eu espero que os leitores deste livro que está sendo produzido assimilem alguns conceitos que resultaram dessa minha interação com a cultura brasileira. Afinal, escolhi este país para morrer. Cheguei aqui com trinta e poucos anos. Era um território absolutamente novo para mim. O significado dessa escolha está em mostrar o que posso deixar aqui para os brasileiros.

Iijima – Verdade. Tanto eu como você tínhamos uma carreira promissora no Japão. Eu trabalhava num dos melhores salões de Tóquio, em Harajuku, bairro onde são geradas as tendências. Você trabalhava na linha de frente, nos melhores restaurantes do Japão. Diferentemente dos outros imigrantes, não viemos para cá por falta de opção ou fugindo da pobreza. Buscamos no Brasil novos horizontes. Por isso é natural que tenhamos um entusiasmo muito maior em deixar registradas aqui as nossas pegadas. Os imigrantes que vieram anteriormente criticam a nossa postura, dizendo que fomos aqui acolhidos pelo berço esplêndido que eles construíram. Não tenho a menor intenção de negar que havia um ambiente favorável para a nossa integração. Mas estamos contribuindo com novos valores para a formação brasileira: isso envolve educação de base, formação de uma ética, conscientização do meio ambiente. Veja o caso do terremoto e do tsunami que assolaram o Japão em 2011. Eles deixaram de ser uma catástrofe porque os japoneses conseguiram se reerguer e se recuperar, porque havia uma educação de base, uma admirável ética de respeito e de convivência. Notórias também são a sensibilidade e a capacidade de percepção dos brasileiros. Se eles puderem aliar essas qualidades a uma formação de base, teremos uma sociedade exemplar, que vai servir de referência para o mundo. O seu livro certamente deverá conter essas lições para os brasileiros e para o mundo. Nossa função

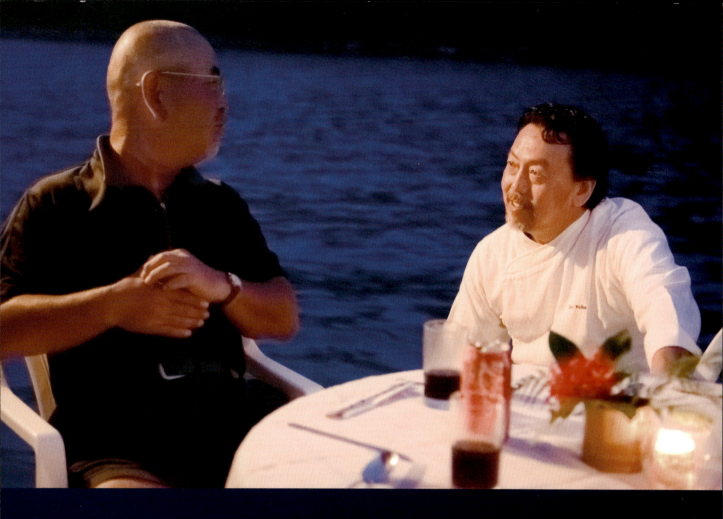

Koike – Como assim? Você já consolidou sua vida...

Iijima – Não. Enquanto você cozinha o que sabe fazer, certamente atingirá um resultado ideal. Mas e depois? Quando você deixar de cozinhar, o que terá a dizer para as futuras gerações? O mesmo vale para o meu caso. Enquanto eu segurava a tesoura, tinha convicção no meu trabalho. Mas agora chegou o momento de transmitir os ensinamentos para quem vai prosseguir. Por isso nosso trabalho só está começando.

Hideaki Iijima nasceu em 1950, na província de Saitama, no Japão. Cresceu vendo seu pai trabalhar como barbeiro. Nos anos 1970, com o certificado de cabeleireiro, vai para Tóquio, onde passa por vários salões de beleza, até fixar-se no disputado salão de Hideo Imai, no bairro de Harajuku. Ganha destaque como *hair designer*, criando novas tendências de corte. Vem ao Brasil em 1979 e começa a trabalhar numa rede de salões de beleza de um amigo. Em 1982 abre o seu primeiro salão Soho. Com uma moderna filosofia de trabalho, a rede Soho chega a ser a segunda maior rede de beleza do Brasil. Participa da ONG Zeladoria do Planeta e colabora assiduamente para a limpeza urbana. Traz para o Brasil o movimento Yosakoi Soran, de dança coletiva, e passa a promover um festival que em 2012 completa a sua décima edição.

O SABOR DO SOM

Ed Motta é um colosso. E não estamos nos referindo especificamente ao seu inconfundível corpanzil. Ele é uma enciclopédia ambulante de música, um dos maiores repertórios de conhecimento musical de que se tem notícia. Conversar com Ed equivale a praticamente uma aula magna de música. Mas, falando sobre a sua música em particular, o swing de suas composições pegou o chef Shin Koike de jeito. "Sofisticado, urbano, híbrido, como a minha comida gostaria de ser", resume Shin, que se encantou com a música brasileira logo que chegou ao Brasil. "Gosto daquele território que fica entre o *mellow jazz* e a bossa nova", sem dar o nome de seus compositores preferidos. Mas é certo que Ed Motta é um deles, e foi com surpresa que soubemos que a recíproca é verdadeira. Quando convidamos Ed Motta para um almoço bate-papo, ele concordou na hora. "Conheço o Aizomê e sempre quis conhecer o chef Shin Koike", exaltou-se ao telefone. Ficamos de marcar uma data. Mas Ed não quis esperar. Dirigiu-se, sozinho, ao Aizomê naquele momento. Uma pena. Era domingo, e o restaurante estava fechado. Ficamos mesmo de marcar outra data.

Essa data não tardou. Foi numa tarde ensolarada de novembro, e Ed Motta havia escapado de uma passagem de som para vir ao encontro de Shin Koike.

A conversa não poderia começar de outro jeito. Discos de vinil. São a paixão de Ed Motta. Seu acervo conta com aproximadamente 20 mil discos, arrematados em diversos países. "Tem vinil em todos os cantos de minha casa: na sala, na cozinha, no banheiro", orgulha-se o colecionador. "Minha coleção é formada basicamente de LPs, mas tenho também os de dez polegadas." E de onde vêm esses discos em formato tão raro? "Tem um cara especializado, em Fukuoka, lá no sul do Japão, que tem um incrível acervo de LPs e discos de dez polegadas, e é ele que manda para mim." Na loja dele tem uma foto de Ed Motta na parede, não como cantor pop star, mas como o melhor freguês da loja. "Nunca vi o dono da loja na minha vida, mas só dele já comprei 4 mil discos!" Mundo estranho, esse.

– E aquela história de que você estava procurando um disco no Japão, e a loja estava tocando uma música sua? – cutucamos.

– É verdade. O cara se assustou quando me viu. Ele fechou a loja para não atender mais ninguém.

– Não estava combinado, não é? – esticamos.

– Nada, nada.

Ed estava parado no meio da rua, periferia de Osaka, perdido. Ninguém sabia onde ficava esse sebo de discos, e Ed, já conformado, pensava em retornar para o hotel. Antes, teve a ideia de fazer um lanchinho por lá mesmo. Macarrão frito com ovo frito por cima. Uns cinco reais, baratíssimo.

Foi nesse boteco que ele perguntou mais uma vez por essa loja. Um dos frequentadores entendeu.

– Gosta de jazz? – perguntou o homem.

– Sim!

O homem consultou seu celular e disse:

– Eu tenho ainda quarenta minutos de almoço, posso levar você até lá.

Caminharam, caminharam por ruelas sem placas. Ed até começou a ficar preocupado. Será que não estava sendo sequestrado?

– Comecei a imaginar coisas: estrelas ninja, estocadas na minha nuca, já imaginou?

Mas o sebo estava lá e, para surpresa de Ed, tocando uma faixa de um disco dele.

– O dono me olhou assustado, correu para a entrada da loja, desceu a porta e disse: "Vamos tomar saquê!".

Chef Shin Koike se divertiu com essa história. Ed parecia com fome e disparou:

– Não vem combinado de salmão, não é?

– Pode ficar tranquilo. O chef Shin preparou uma refeição especial para o Ed.

O primeiro prato era um siri-mole. A primeira surpresa. Ed Motta nunca tinha visto aquilo.

– Onde é que se encontra isso?

– É segredo, porque está em extinção, despistou o chef Shin. Estes são criados em Iguape.

Chegou um prato um tanto trivial: nabo cozido com shoyu. Mas, evidentemente, não era só. Havia também um caldo que dá toda a densidade a um simples nabo, preparado com esmero por Shin. O caldo leva raspas do peixe bonito seco e alga konbu, para dar aquela densidade umami, que é mais potencializado ainda com o nabo cozido em baixa temperatura.

– No Rio não tem nabo – diz Ed em tom de desapontamento.

– E era bom quando o Jun Sakamoto estava lá no Sushi Leblon, por volta de 1994. Ele tinha vinte e tantos anos então.

E por isso Ed se lembrou do mestre que ensinou a Jun Sakamoto os segredos do sushi: o lendário e personalíssimo Takatomo Hachinohe, sushiman e proprietário do Komazushi (aberto em 1969, encerrando suas atividades em 2002, após falecimento do mestre).
– Foi o Hachinohe que me ensinou a comer sushi corretamente – confessou Ed.

E como é comer corretamente? Não banhar o sushi no molho de shoyu, para começar. Molhar somente o lado do peixe. Pegar o sushi com a mão, com os três dedos. Mas ele tinha fama de ranzinza.

– Comigo ele sempre foi muito simpático.

Ed credita essa aceitação à sua humildade.
– Eu sempre respeito os mestres, não acho graça em inventar sobre uma coisa que já foi criada e pensada.

E, por falar em mestres, Ed perguntou se alguém já havia provado o Sukiyabashi Jiro, perto do Mercado de Tsukiji, em Tóquio. Esse que até virou filme, depois que recebeu 3 estrelas do Guia Michelin.
– Não, infelizmente, não tivemos ainda o prazer.

E começamos a falar de música. Hoje o tema era jazz e pop japonês.

– Kikuchi Masafumi, Hino Terumasa...

– Mas você fala como os japoneses: sobrenome e nome, Ed.

– Sim, porque, quando eu perguntava sobre Terumasa Hino, ninguém entendia.

Faz sentido. E Ed sabe de tudo. Achávamos que Hino Terumasa vivia em Nova York.

– Não, ele está lá em Tóquio. E o filho dele arrebenta no Japão.

– Provavelmente, os conhecimentos de Ed Motta sobre música japonesa são maiores do que os da média dos japoneses.

– Sadao Watanabe tocava como John Coltrane, e eu gostava – prossegue Ed. – Ele foi um dos primeiros músicos estrangeiros a gravar com músico brasileiro.

Que pérola, essa informação.

– É um disco que tem o Monumento às Bandeiras, em São Paulo, na capa. 1966: Sadao Watanabe, Hermeto Pascoal...

A memória dele, além de musical, é fotográfica!

– Mas adoro pop também. Naoya Matsuoka, por exemplo! A pegada pop instrumental da época em que Shin Koike começava a cozinhar profissionalmente, no Japão. Taeko Ohnuki. Ela não é muito conhecida. Não é popular. Mas é muito boa.

Fomos verificar. Suas colaborações com Ryuichi Sakamoto são sublimes.

– E aquele cantor, o Kosaka Chu. Ele canta tremulando, uma loucura... Bom pra caramba. O David Bowie fica imitando isso. O Jacques Morelenbaum me convidou para participar do CD *Casa*, com Ryuichi Sakamoto.

É verdade, Ed canta com Paula Morelenbaum a faixa "Imagina", de Tom Jobim. Shin Koike considera este o melhor CD que ele tem. E arremata:

– A música brasileira me enfeitiçou e me prendeu por aqui.

– Infelizmente, não conheci o Saka (Ryuichi Sakamoto). Eu só gravei. E a Paula? É a melhor voz para as músicas de Tom Jobim. Aquela voz aveludada dela é o máximo – entusiasma-se Ed.

Mas o dueto com Paula é para ficar registrado na história, de tão lindo.

– Mas sabe qual é o meu sonho? – Ed até levanta o corpo para revelar. – É gravar um disco com músicos japoneses. Eu escalaria o Fumio Itabashi no piano, Takeo Moriyama na bateria, Isao Suzuki no baixo. – E acrescenta: – O Hozan Yamamoto, no shakuhachi (flauta de bambu).

A lista de Ed parece não ter fim.

– Masabumi Kikuchi, o piano dele é fantástico. Tem um disco dele, com o shakuhachi de Hozan Yamamoto, que é um negócio.

Fomos pesquisar. É um disco dedicado ao Jardim Ryoanji, que fica em Kyoto. Um jardim de pedras que tem uma beleza metafísica. E a música deles também.

– E o que dizer de Yosuke Yamashita? Ele é um gênio. Sim, ele se apresentou aqui no Brasil, nos anos 1980. Foi um sucesso. Era conhecido como um pianista radical, tocava até com os cotovelos. Mas ultimamente converteu-se a um jazz piano mais suave, até buscando o básico do básico.

Yosuke Yamashita também se apresentou no Brasil nos anos 1990, com um percussionista de taiko (tambor japonês) chamado Eitetsu Hayashi. Vieram junto alguns músicos de jazz, como Shigeharu Mukai. Ed Motta se espantou.

– Mukai? Ele é o melhor trombonista do mundo!! Tenho todos os discos dele!!!

Impressionante esse Ed.

Nisso veio um arenque cozido fantástico, servido com suas ovas. Ed se divertiu com o estalar das ovas. Muito musical, por sinal.

– Shigeharu Mukai, Masahiko Togashi, Toku, Maaya Sakamoto, Mizuhashi Takashi, Hideo Shiraki, George Otsuka Trio...

A lista de Ed Motta parece não ter fim. Mas por que essa curiosidade sobre jazz japonês?

– Curiosidade, não. É fato. O Japão é o país onde se toca o melhor jazz do mundo. E a Momoe Yamaguchi, a cantora pop? Pois é, ela teve fases horríveis, parecia cantora de karaokê. Mas, com "Dancing Starshine", ela provou ser uma ótima cantora.

Shin serviu uma sequência de ótimos sushis. Mas Ed Motta ficou no uni (ouriço-do-mar) fresquíssimo, servido sobre uma fatia de limão e polvilhado com flor de sal.

– Adoro uni. No Japão levava caixinhas de uni para ficar comendo no quarto do hotel.

Jin Nakahara, produtor musical em Tóquio e um dos maiores conhecedores de música brasileira no Japão, disse que Ed Motta é, provavelmente, o maior comedor de uni que ele conhece.

– A propósito, quantos discos de música japonesa você tem, Ed? perguntou curiosamente o chef Shin Koike.
– Tenho cerca de 5 mil – orgulha-se Ed. Ninguém no Brasil deve ter tantos.

O celular tocou. Era o produtor de Ed Motta chamando.

– Pena que tem o show daqui a pouco, senão eu ficava a tarde toda aqui.

Nós também, Ed!!

ENTRE RECEITAS E RECIPIENTES

Terra. Água. Fogo. Os elementos comuns à cerâmica de Kimi e às receitas de Shin. Da terra e da água, Shin se abastece dos insumos que serão a base de suas criações gastronômicas. Da terra, Kimi extrai a argila que se transforma em objetos, depois de passar pela água. O fogo molda as receitas de Shin e as formas criadas por Kimi. A relação com esses elementos naturais é uma constante tanto do cotidiano de Shin como do de Kimi.

"Kimi se inspira em formas naturais para criar", interpreta Shin. Kimi concorda. Ela observa as formas encontradas na natureza e, pela sua perfeição, só lhe resta reverenciar. Mas Kimi vai um pouco além. Como uma homenagem, ela reinterpreta essas formas da natureza.

Shin também, por vezes, inspira-se na natureza para criar suas receitas. Introduz folhas, flores para compor os pratos, como se eles fossem um pequeno jardim.

Extrair algo da natureza para se inspirar, para então devolver as criações à natureza. Esse é um princípio que Kimi e Shin executam com maestria.

As formas de Kimi têm apelo contemporâneo, mas sempre lembram a natureza. Isso dá tranquilidade a Shin, que, há longos anos, confia o receptáculo de suas receitas às cerâmicas de Kimi. Curvas, recortes, apesar de suas propostas contemporâneas, remetem sempre ao orgânico. Por isso Shin acredita que os pratos e tigelas de Kimi são os recipientes ideais para sua cozinha. "As comidas e nós que as preparamos nos sentimos à vontade, sem a tensão de ter que dialogar com linguagens complexas."

Há um elo em comum que une os dois artistas?

A culinária de Shin não é a cozinha tradicional japonesa, mas uma cozinha autoral, com inspiração japonesa. Kimi segue a mesma linha. Ela não pratica a cerâmica tradicional japonesa. Inspira-se em suas técnicas e processos, mas suas formas são livres e contemporâneas. Esse é o ponto de união entre os dois.

E Kimi, vendo as receitas preparadas ser acondicionadas em seus recipientes, como se sente?

– É delicioso ver esse processo – suspira Kimi.

Tentar imaginar qual foi o raciocínio de Shin, quando ele faz a leitura dos recipientes dela para acomodar a receita mais apropriada, é uma diversão para a autora das cerâmicas. Uma nova interpretação em cima da reinterpretação do chef. Vamos dizer que, no caso desses dois artistas, a reinterpretação deve ser entendida, sempre, como uma reinvenção.

Quando se dirige ao ateliê de Kimi, Shin nunca vai com a intenção de abastecer sua cozinha com novos pratos. Certo espírito de curiosidade e de aventura o motiva a ir até o ateliê onde Kimi reinventa a natureza. Shin sabe que a ceramista certamente pensou em alguma função para suas peças, mesmo que não muito definidas. Se o fossem, seriam utilitárias, e as cerâmicas de Kimi não são para esse fim. Mas é nesse teor, aberto e provocativo, que Shin encontra o espaço para ele mesmo propor um modo de trabalhar com essas cerâmicas. Por exemplo, Kimi se surpreendeu quando Shin escolheu vasos que eram apropriados para acolher, no máximo, arranjos florais, o ikebana. Eram peças chamadas cestas e foram concebidas como esculturas, ou seja, sem fins utilitários. Shin as transportou para o projeto gastronômico Eatrip, em Ilha Grande, e lá, orgulhosamente, serviu nelas arroz branco, compondo-o com folhas de banana nativa.

– Surpreendente, é um ikebana comestível – admitiu uma Kimi sorridente quando soube. Na verdade, antes de Kimi, todos os integrantes do projeto gastronômico se surpreenderam com a ousadia.

– Gosto de surpreender os clientes – conta Shin. Para ele, servir comida é um ato cênico. Sua cozinha é seu estúdio de ensaio e também o camarim. O balcão ou as mesas da sala de tatame de seu restaurante são os palcos onde se desenrolam suas criações gastronômicas, que parecem mesmo dançar sobre eles.

– Quero, um dia, usar a cesta com mizuhiki (um laço ornamental para acondicionar presentes), para clientes muito especiais. Seria uma embalagem sobre outra embalagem envolvendo a comida. Abrir cada camada desse presente é um ato que gera surpresas. Os japoneses chamam isso de "odoshi". Trata-se de uma estratégia de criar espanto nos clientes. Shin se emociona com esses novos projetos.

Kimi passou a admirar Shin por ele sempre querer provocar surpresas assim nos seus clientes.

– Ele é provavelmente mais criativo do que eu – admira-se Kimi.

Mas existem artistas que não gostam que suas peças sejam manuseadas, manipuladas e inseridas em contextos diferentes daquilo a que foram em princípio designadas. Kimi só faz restrições a que pessoas sem gosto estético manipulem suas peças. Mas, se o usuário tiver um senso criativo que potencialize o valor intrínseco de suas obras, ela não vê problemas.

– Há que se ter uma relação de confiança entre o artista e o apreciador de sua obra.

As antigas porcelanas japonesas têm desenhos e acabamentos precisos. "São belas, mas frias. Falta emoção", sustenta o chef Shin. As porcelanas são realmente frias ao tato. Elas têm superfície lisa coberta com belos desenhos, mas não convidam a uma interação de tato. Já a cerâmica tem a sua textura, uma superfície áspera, mas confortável, um erotismo que convida ao diálogo com o toque. De certa forma, é aquela relação de confiança que Kimi menciona e que dá extensão de vida à cerâmica.

E a comida nessas peças? Há uma tendência internacional, cada vez mais valorizada, a reconhecer que a comida deve ser apresentada de maneira muito simples, visualmente falando. Um recipiente de impacto, com uma pequena porção de comida. Uma proposta bem apropriada à arte de hoje.

Mas Shin pensa diferente: "Comida é refeição. É preciso transmitir calor humano na composição do prato, e acho que uma pequena e única porção não é suficiente para transmitir esse calor humano." Há, de fato, uma tendência a usar o prato como moldura. Alguns chefs até preferem trabalhar com pratos quadrados ou retangulares, para facilitar a composição. Sobre eles, uma pequena porção de comida e uma pincelada magistral e caligráfica de molho. "Uma composição minimalista, arte visual pura, mas não uma refeição", contesta Shin.

Shin explica melhor sua predileção pelas cerâmicas de Kimi. Elas são absorvidas pela sensibilidade de Shin para se tornar receptáculo de sua culinária afetiva. Uma mão terna que acolhe a paixão. Uma mão em que ele possa confiar absolutamente, para depositar ali o seu afeto.

Mas, antigamente, os chefs se preocupavam tanto com os pratos? Essa relação entre receitas e recipientes ou entre conteúdo e continente é antiga no Japão e remonta aos preceitos do primeiro gastrônomo da história japonesa, Kitaoji Rosanjin (1883-1959). Rosanjin era um calígrafo, ceramista e *restauranteur*. Fundou o Bishoku Kurabu (Gourmet Club), um restaurante exclusivo para sócios gourmands. Ali, o próprio Rosanjin preparava a comida e apresentava-a em cerâmicas de sua autoria. Talvez a relação comida-recipiente tenha começado nesse circuito fechado e acabou virando uma referência.

Hoje, os clientes de Shin têm curiosidade de perguntar de quem é a cerâmica. O perfil dos clientes está mudando, é certo, mas, convenhamos, são pessoas que vêm procurar a culinária afetiva do chef Shin, pessoas com sensibilidade para notar onde esse afeto está repousando.

E voltando à questão dos pratos que são simples moldura para as pinceladas de molhos: aqui, sim, existe uma tradição na culinária de Shin que remonta aos seus ancestrais. A culinária ocidental, particularmente a francesa, é extremamente pictórica. Já na culinária japonesa, há uma ênfase na composição dos ingredientes, sem mascarar com molhos. Isso exige tridimensionalidade na apresentação. "Acho que a culinária ocidental está mais para a pintura. A culinária japonesa tende a ser mais escultura", compara o chef Shin Koike.

Devaneios à parte, é fato que essa tridimensionalidade da culinária japonesa exige uma densidade, que pode ser potencializada pelo recipiente de cerâmica. Por isso a parceria da cerâmica com a comida japonesa é imprescindível. Para assegurar a parceria de estilos, de pensamentos, de filosofia é que os chefs estão sempre à procura de ceramistas com os quais possam compartilhar conceitos. A arte do sabor é a arte do saber.

Cerâmica é barro. A argila é moldada e introduzida no forno em alta temperatura. Parece paradoxal, mas no fogo alto a forma se congela. Essa forma estática vai receber agora insumos e ingredientes crus, orgânicos. Esse contraste é interessante, mas ambas, cerâmica e comida, se juntam e se transformam no alimento para a alma.

UMA EXPEDIÇÃO GASTRONÔMICA

EM BUSCA DOS SABORES PERDIDOS

Em primeiro lugar, foi um projeto que uniu prazeres.

Para começar, o prazer de estar num paraíso, em plena Terra. Natureza exuberante e intacta, para recuperarmos certas noções do que é básico e essencial em nossa vida. Depois, o prazer de uma boa alimentação. Uma culinária que reconforta a alma e nos convida a uma reflexão profunda sobre o porquê do comer e do viver.

Essas foram as premissas essenciais para iniciar o projeto Eatrip. Comer (*eat*) e viajar (*trip*). Os desafios vinham de várias frentes. Para o chef, a necessidade de se desarmar de sua estrutura e da logística do restaurante. Fora do conforto de seu dia a dia, como um chef poderia preparar um cardápio para satisfazer não só a fome, mas também os anseios da alma?

Foram quase seis meses entre estudos preliminares, pesquisa de campo (e de mar), logística de traslados e, especialmente, obtenção dos insumos para levantar esse projeto

O local escolhido: Ilha Grande (RJ), com 193 km², originariamente habitada pelos índios tamoios. Na década de 1930, a Ilha Grande recebeu um pequeno contingente de imigrantes japoneses, a maioria oriunda da Ilha de Okinawa, ao sul do Japão. Não era para menos. A paisagem do mar e das matas de Ilha Grande era praticamente uma réplica de Okinawa. O azul esverdeado de suas águas em muito lembrava as da terra de origem desses desbravadores. Provavelmente, para eles, era como se tivessem dado a volta ao mundo e retornado à sua terra natal. Lá se instalaram e viveram da pesca por muito tempo. Construíram as primeiras fábricas de enlatado de sardinha e até produziram o dashiko, sardinhas secas, muito apreciadas na culinária japonesa por dar o umami e a densidade nos caldos. Mas, na década de 1980, a diminuição da oferta do pescado no mar de Ilha Grande, aliada à oferta em outras regiões, tornou o negócio insustentável. Surgiram então as primeiras pousadas ecológicas, uma atividade que se tornou a principal vocação da região. Algumas dessas pousadas foram instaladas nos prédios onde tinham funcionado as fábricas de enlatado de sardinha, adaptados para esse fim. No final do ano de 2010, mais precisamente na noite do réveillon, um dilúvio provocou o deslizamento de uma encosta no Bananal, arrastando para o mar uma das pousadas mais consagradas da região, muito querida por mergulhadores e frequentadores habitués. A filha universitária dos proprietários, que havia retornado para as férias de fim de ano com os pais, foi carregada para o mar, junto com o deslizamento, e não retornou viva. O país todo se comoveu vendo, pela TV, imagens daquela moça alegre e cheia de vida, dedilhando ao violão canções que ela compunha. Atendendo a um pedido que, por alguma razão, ela havia feito em vida, os pais lançaram suas cinzas ao mar, na orla em frente ao Bananal.

Os habitantes dessa pequena comunidade ficaram chocados com essa fatalidade e suas consequências, com baixas no turismo, o que sinalizava uma fase de profundas dificuldades para a sustentabilidade da região. Contudo, a solidariedade de toda a ilha fez com que a comunidade se reerguesse e organizasse o Festival de Cultura Japonesa, que em 2011 comemorou sua terceira edição. O Festival, como não poderia deixar de ser, foi dedicado à memória de todas as vítimas da catástrofe, em tom solene.

Foi no mesmo traçado de reconstrução do turismo, da autoestima e da vocação de Ilha Grande que o projeto Eatrip foi proposto para a comunidade pela produtora Amanda Hadama, moradora e ativista de Ilha Grande. A ação do projeto Eatrip iria se unir a esse propósito de dar visibilidade ao turismo e chamar o público para apreciar esse paraíso na Terra e quase um cantinho de Okinawa, devido às semelhanças da paisagem e da cor do mar. Guardadas as devidas proporções, Okinawa e Ilha Grande bem que poderiam ser ilhas irmãs.

A Pousada Nautilus, muito prestigiada especialmente por mergulhadores, acolheu esse projeto com muito carinho e desde o início se colocou como parceiro nessa experiência inédita. Administrada por Kazuo Jasbick Tonaki e sua família fantástica, prima pela acolhida calorosa e carinhosa que oferece a seus visitantes e frequentadores. A pousada é indescritível e tem um charme natural que brota da terra e do mar, envolto na energia contagiante de seus proprietários. Ela tem uma prainha privativa, muito aconchegante, e está incrustada na Mata Atlântica. De manhã, os visitantes são recebidos por tartarugas e milhares de peixinhos coloridos que vêm ao deck fazer suas saudações matinais.

O café da manhã constitui um diferencial inesquecível na Nautilus. Hiroko Odaka, esposa de Kazuo, é quem comanda a cozinha; ela é uma pâtissière de primeira e prepara pães e bolos especialíssimos, essencialmente artesanais, moldados e assados com afeto no forno e servidos quentinhos todas as manhãs.

E, das receitas que serão preparadas para essa expedição, um dos destaques será o tofu, feito lá mesmo, com água do mar, que contém magnésio, o coagulante natural para a feitura do autêntico tofu caseiro. Dona Tsuruco, mãe de Hiroko, detém os segredos dessa receita. A vovó tem muitos segredos, que ela não deixa de revelar a quem esteja pronto para ouvir. Do alto de seus mais de setenta anos, com a sabedoria de quem viveu em sintonia com a natureza e turbinada pelo suco de aloe vera que ela mesma planta, colhe e toma todos os dias, é um primor de energia e alto astral, testemunhado até por Olivier Anquier quando fazia uma reportagem sobre a ilha para o seu programa de televisão.

O chef escolhido, quase convocado: Shin Koike. Devido ao seu espírito aventureiro, desbravador e curioso, Shin tinha o perfil ideal para esse desafio. Ele só pediu para levar a própria faca e alguns suprimentos que ele considerava essenciais: alguns poucos temperos que fazem o diferencial de seus pratos e também algumas cerâmicas, especialmente escolhidas no ateliê de Kimi Nii. "Escolhi algumas peças sem pensar no conteúdo que elas iriam receber", confidenciou Shin mais tarde. Realmente, ele tinha incorporado o espírito do desafio.

Esse desafio exigia certa habilidade para criar com o que a natureza e as circunstâncias lhe ofereciam. Os pães de Hiroko, o tofu de dona Tsuruco entraram como bônus inicial. Mas, evidentemente, exigia-se uma pesquisa para sondar as potencialidades da ilha.

Foi realizada uma visita preliminar, uma inspeção técnica, para essa avaliação. Nos três dias em que Shin permaneceu na ilha, na companhia dos moradores, ele conseguiu listar alguns insumos importantes. O peixe beijupirá, que está sendo criado na Pousada Nautilus, será uma das estrelas do cardápio. Esse peixe hoje atinge aproximadamente um metro de comprimento, e sua carne é muito saborosa e firme. "É mais apropriada para assar ou grelhar", avalia Shin. Também ficou no seu foco a vieira, esta em fase experimental de criação na Nautilus.

O broto de bambu foi mais um ingrediente básico encontrado por Shin Koike, dessa vez na mata. O bambuzal natural já denunciava a existência de tenros brotos. Eles têm que ser colhidos ao alvorecer. A forma correta é cavar a terra e procurar o broto, ainda enterrado. Os que já cresceram acima da terra não são apropriados, pois seu caule já está duro para o consumo. A colheita de insumos foi incluída nas tarefas de produção.

O DIA EATRIP

Quinze corajosos e certamente curiosos amantes da boa comida inscreveram-se para essa primeira experiência de turismo ecológico e gastronômico. Foi alertado previamente: nada de luxo nem opções de consumo. A proposta era o retorno às bases. Sentir os fundamentos do paladar.

Era uma busca quase arqueológica de sabores, pois a maior parte dos ingredientes seria colhida lá mesmo, com toda a rusticidade, buscando os prazeres da vida simples, porém com um toque da sabedoria do chef.

Formou-se ali um grupo bastante heterogêneo: havia editores, jornalistas, artistas, empresários, *hair designer*, chefs e, claro, gente que aprecia boa comida. Todos em comunhão, em busca não de uma pedra filosofal, mas de uma filosofia do sabor, em imersão com a natureza. O simples que convida às raízes, onde o menos potencializa o mais. Foi quando os participantes dessa experiência descobriram que a felicidade está mesmo muito próxima de nós. Basta se desapegar. Basta reduzir.

SEXTA-FEIRA: A CHEGADA

Os participantes da expedição, todos de São Paulo, chegaram a Angra dos Reis após sete horas de estrada. É uma viagem cansativa, mas promete recompensas, especialmente no trecho entre Ubatuba e Parati, para quem opta pela Rodovia Rio-Santos, com paisagens belíssimas e paradas deliciosas. Já para quem desce por Barra Mansa, a paisagem da serra é de tirar o fôlego.

A travessia até Ilha Grande é feita por uma escuna, providenciada pela própria Pousada Nautilus, e leva uma hora, tempo suficiente para alimentar as nossas expectativas mais remotas de como será esta expedição.

O chef Shin Koike nos aguardava no deck, onde a escuna iria aportar, junto à pousada. Ele havia preparado uma surpresa para os participantes: um lanchinho de boas-vindas, composto de oniguiri (bolinhos de arroz) em vários sabores.

O oniguiri é uma das maneiras mais antigas de servir arroz no Japão. Normalmente o bolinho fica em formato triangular, moldado pela parte vazia das mãos semifechadas, e pode receber recheios, como picles e conservas de vegetais, legumes ou frutos, como ameixa curtida no sal. O oniguiri de Shin levou uma fina camada de sal com gergelim e estava embrulhado com folhas de alga nori. Shin também preparou hossomakis (sushis enrolados finos) de pepino e legumes em conserva. Um lanchinho de boas-vindas que tocou a alma de todos.

O jantar servido no primeiro dia foi preparado a várias mãos. Hiroko, dona Tsuruco e Shin assinaram o cardápio. Foi um trabalho colaborativo, que uniu a sabedoria das tradições com a sofisticação da nova cozinha. O que chamou a atenção foram as cerâmicas de Kimi Nii. Lá estavam, majestosas, contendo a culinária afetiva com desenvoltura. Da tradição, compareceu à mesa um nimono (cozido) de broto de bambu, colhido pelo próprio chef Shin, com alga konbu, cogumelo shiitake e pedaços de tofu de dona Tsuruco. Da receita contemporânea, postas de salmão com molho de maracujá. Maracujá colhido na ilha, há que frisar. E uma milanesa de porco de derreter na boca.

ONIGUIRI: O COMFORT FOOD DO JAPÃO

O oniguiri é um simples bolinho de arroz branco prensado entre as duas mãos. Desse modo, o bolinho assume o formato do espaço vazio, naturalmente triangular, que resulta das duas mãos que se juntam em ligeira curvatura e se encaixam entre si, um formato muito prático também para se comer.

Sim, o oniguiri é, por excelência, o *comfort food* do Japão. Preparado para levar como lanche e indispensável nos piqueniques, é também uma refeição de emergência. Tanto que, após o terremoto e o tsunami ocorridos no Japão em 2011, quando houve um colapso de abastecimento de comida até nas grandes cidades, o primeiro item que desapareceu das prateleiras das lojas de conveniência e supermercados foi exatamente o oniguiri.

O oniguiri é realmente um alimento muito prático e que tem extrema autonomia. Pode ser servido simplesmente, envolto em uma alga marinha crocante, ou receber recheios incrementados, como ameixa curtida, peixe, vegetais ou pasta de missô. Por si só já se basta, além de não exigir prato nem talheres para o seu consumo. Devido a sua consistência, é também facilmente transportável.

A relação dos japoneses com o oniguiri é muito antiga. Lady Murasaki, poetisa e autora do monumental *Contos de Guenji* (*Genji Monogatari*), revela em seu diário **Murasaki Shikibu Nikki** que o oniguiri já era apreciado em pleno século XI. Os samurais costumavam levar para os campos de guerra os bolinhos de arroz envoltos em folhas de bambu, que ajudavam a conservá-los por mais tempo, preservando também a umidade ideal e o sabor.

Fácil de preparar, o oniguiri pode ser considerado o primeiro *fast food* da humanidade e sobrevive até os dias de hoje sem muitas alterações. Para atender à demanda, os japoneses inventaram até máquinas de fazer oniguiris e são eles que abastecem as lojas de conveniência e os supermercados de todo o Japão.

O oniguiri não é um tipo de sushi, embora muitas vezes seja confundido com ele. Enquanto o oniguiri é preparado com arroz branco sem tempero e salgado no momento em que é moldado com as mãos, o bolinho do sushi requer que o arroz seja temperado com vinagre apropriado. O oniguiri foi uma invenção dos japoneses para tornar o arroz transportável, enquanto o sushi foi criado como uma maneira de conservar o peixe.

O chef Shin Koike surpreendeu a tripulação do projeto Eatrip, na chegada em Ilha Grande, preparando uma seleção de oniguiris como boas-vindas. Muitos lá nunca haviam experimentado essa iguaria, até porque não é um item comum em restaurantes, por ser considerado de consumo doméstico.

A recepção na Ilha e o início dessa expedição gastronômica não poderiam ter sido mais afetuosos.

SÁBADO: O DIA FLUTUANTE

Hiroko acorda às 4 horas da manhã para começar a preparar o café da manhã. Para os participantes do Eatrip, ela preparou vários tipos de pães, destacando-se os de escarola e os de linguiça, bem como seus levíssimos croissants.

Sábado já começava a raiar com um grande desafio. Montar o jantar, que seria oferecido num restaurante flutuante, a meia hora da pousada, numa embarcação. A dificuldade era de ordem logística: transportar tudo para lá, a partir da Pousada Nautilus. Isso incluía pratos, talheres, as cerâmicas de Kimi Nii e, claro, todos os ingredientes, insumos e bebidas. Com muito esmero, a produção comandada por Amanda Hadama e o proprietário da pousada, Kazuo, fizeram um milagre. Decoração simples, com lampião a gás e velas sobre a mesa. Os preparativos levaram dois dias.

Para o cardápio da noite, à luz de velas, o chef Shin preparou enormes favas cozidas, berinjelas ao missô e o fantástico tofu de dona Tsuruco, guarnecidos com quiabo, que mais tarde receberão gengibre ralado e shoyu. Trata-se de uma versão do hiyayakko, em que o tofu é servido frio; com a adição do quiabo, porém, obtém-se crocância e ao mesmo tempo cremosidade. O buta no kakuni, uma pancetta cozida que derrete na boca, fez muito sucesso, dentro de recipientes de bambu, especialmente preparados pela produção do evento, bem coerente com a filosofia do projeto.

Também foi montado um balcão de sushi, sob o comando do jovem Celso Amano. Peixes fresquíssimos, alguns pescados na véspera, a vieira cultivada na Nautilus e frutos do mar foram dispostos sobre grandes folhas de bananeira.

O que mais impressionou os participantes, que a essa altura chamávamos de tripulação Eatrip, foi a alta criatividade do banquete oferecido, com tão pouca infraestrutura. O projeto atingiu sua máxima potência ao deslocar a cozinha e as mesas também para o mar, em comunhão com a atmosfera do local: uma névoa úmida, fina e levemente temperada, embalada por uma oscilação quase impressionista de pequenas ondas e iluminada por tênues e trêmulas chamas, mais próximas do breu do que da luz.

DOMINGO DE LUZ

A pouca luz do jantar exercitou o paladar em sua plenitude e despertou o lado ying da alma. Por isso o domingo de sol prometia um último banquete regado a luminosidade. O lado yang estava naturalmente convocado. Após o lauto café da manhã e um passeio de escuna ao largo das verdejantes praias da ilha, o chef Shin e seu pelotão de apoio, que consistia em seu assistente Celso Amano, Hiroko, dona Tsuruco e ajudantes da cozinha da Nautilus, prepararam um almoço no deck da pousada, no melhor estilo domingueiro. A brasa foi aquecida para receber o peixe beijupirá, o lombo assado no missô e a sensacional pupunha. Sashimi em cortes generosos: beijupirá da Ilha, pargo, xerelete, salmão e polvo fresquíssimo. E um yaki udon, macarrão grosso frito que harmonizou muito bem com os grelhados, e o yosenabe, o cozido de legumes, peixe e frutos do mar. O mesmo oniguiri que recebeu a expedição no dia da chegada compareceu aqui, uma vez mais, só que, agora, grelhado no carvão. Era o bolinho da despedida, com desejo de boa viagem de retorno.

A missão estava cumprida. Apesar da comida, todos estavam muito leves, porque era afeto em forma de alimento, e esse alimento vai para a alma. O conceito do projeto Eatrip é repensar a postura da alimentação, pois a vida é uma viagem pontuada por refeições. Compartilhar momentos em que a refeição preparada de maneira muito simples, com espírito comunitário embalado pela natureza, se transforma numa dádiva, especialmente se pensarmos que a ação se configurou num ritual de comunhão da vida com o alimento.

RECEITAS

CALDO BÁSICO DASHI

O caldo dashi é a base e a alma de muitas receitas japonesas. O dashi é responsável pelo umami, o sabor que deixa o paladar mais apurado e provoca aquela sensação de densidade e profundidade no gosto.

O preparo do caldo dashi é um processo de extração e infusão. Extrai-se o sabor da alga konbu, deixando-a primeiro de molho na água para depois cozinhá-la rapidamente em água quente. A infusão é feita com os flocos de peixe seco.

O caldo pode ser preparado em duas etapas. O primeiro caldo é chamado de ichiban dashi, considerado nobre, obtido da primeira utilização da alga e usado no preparo do consomê osuimono, uma sopa rala, mas incrivelmente densa de sabor. A mesma alga ainda pode ser reaproveitada num segundo caldo, o chamado niban dashi, que é utilizado nos mais diversos pratos; por exemplo, no macarrão udon ou soba ou num bom missoshiru.

CALDO BÁSICO DASHI

INGREDIENTES PARA 500 ML DE CALDO

500 ml de água filtrada ou mineral

5 cm de alga konbu

10 g de iriko (peixe japonês, seco), sem a cabeça

30 g de katsuobushi (flocos de peixe bonito, seco)

PREPARO

Em uma panela com a água, deixe a alga konbu e os peixinhos iriko de molho por 30 minutos. Então leve tudo ao fogo e cozinhe por 10 minutos. Retire a alga (descarte-a) e acrescente metade do katsuobushi.

Assim que levantar fervura, apague o fogo e acrescente o restante dos flocos de peixe.

Deixe o caldo repousar por alguns minutos, ou seja, até que o katsuobushi desça para o fundo da panela. Coe antes de utilizar.

SOPA DE CARÁ COM QUIABO

Sopa fria, de fácil preparação. É leve e refrescante, muito apropriada para os dias de verão.

SOPA DE CARÁ COM QUIABO

INGREDIENTES PARA 6 PORÇÕES
500 ml de Caldo Básico Dashi (receita na página 212)
200 g de cará
100 g de quiabo
Sal
30 g de gengibre

PARA SERVIR
60 g de cogumelo nameko em conserva
25 g de cebolinha
100 g de ova de ouriço-do-mar
Folha de ouro para decoração (opcional)

PREPARO

Prepare o caldo dashi conforme a receita e reserve-o.

Descasque o cará, corte em tiras de aproximadamente de 0,5 cm e reserve.

Polvilhe os quiabos com sal e esfregue-os com as mãos. Dessa forma, você os higieniza e elimina os pelos.

Aqueça água numa panela e, quando levantar fervura, adicione os quiabos. Deixe ferver por cerca de 1 minuto e retire do fogo, pois a fervura deve ser rápida para não amolecer o vegetal. Escorra numa peneira e, em seguida, dê um choque térmico com água fria. Assim você mantém a cor verde. Corte os quiabos ao meio e retire todas as sementes.

Rale o gengibre e reserve.

Bata o caldo dashi, as tiras de cará, o quiabo, o gengibre ralado e sal a gosto no liquidificador. Em seguida, leve a sopa à geladeira e deixe por cerca de 2 horas.

APRESENTAÇÃO

Sirva em taças individuais e decore com cogumelo nameko, ovas de ouriço-do-mar, cebolinha picada e folha de ouro (se for usá-la).

OSTRA E MARISCO BRANCO GRELHADOS

O marisco branco, similar ao saragai do Japão, é encontrado no Brasil, na região de Santa Catarina, e comercializado congelado. Este é um prato que promove intensa experiência olfativa, trazendo os melhores aromas do mar.
Para ter o sabor acentuado, a ostra e o marisco devem ser grelhados levemente.

OSTRA E MARISCO BRANCO GRELHADOS

INGREDIENTES PARA 1 PORÇÃO
OSTRA GRELHADA
2 ostras, vivas e frescas
1 limão-siciliano
Uma pitada de yuzu koshô (pimenta de yuzu)

MARISCO GRELHADO
3 mariscos brancos, congelados
1 colher (café) de manteiga em temperatura ambiente
½ dente de alho ralado
Salsinha crespa, picada, a gosto
1 colher (sopa) de saquê

PARA SERVIR
Sal
½ clara de ovo
Rodelas de limão-siciliano

Grelhe-as em fogo alto. Quando começarem a soltar espuma e abrir as conchas, retire-as do fogo. Tempere levemente com 3 gotas de suco de limão-siciliano e uma pitada de yuzu koshô.

PREPARO DO MARISCO

Descongele os mariscos em temperatura ambiente. Em seguida, grelhe-os e retire a concha superior.

Junte a manteiga, o alho ralado, a salsinha a gosto e o saquê e misture bem. Tempere os mariscos com esse molho.

APRESENTAÇÃO

Misture 150 g de sal e a clara de ovo, para obter uma pasta de consistência firme, que vai servir de apoio para as ostras e os mariscos.

Enfileire porções dessa pasta numa bandeja ou prato e, por cima, arrume as ostras e os mariscos preparados. Acrescente uma rodela de limão-siciliano ao lado de cada um e, se quiser, complemente com fatias de tomate cereja e um toque de folha de nanten (folhagem japonesa, conhecida também como nandina).

CARRÊ DE CORDEIRO COM BARDANA COZIDA E PIMENTA GRELHADA

Este carrê de cordeiro é de fácil preparo e tem tempero suave. A ele o chef Shin adiciona a bardana (gobô), ingrediente típico da culinária tradicional japonesa, adaptando-a ao sabor ocidental.

CARRÉ DE CORDEIRO COM BARDANA COZIDA E PIMENTA GRELHADA

INGREDIENTES PARA 1 PORÇÃO

PARA O CARRÊ

1 corte de carrê de cordeiro com 3 ossos

Sal a gosto

Pimenta-do-reino preta, em grão

Óleo vegetal

2 colheres (sopa) de saquê para flambar

PARA A BARDANA

3 talos de 4 cm de bardana

1 colher (café) de arroz

2 colheres (sopa) de saquê mirin

1 concha de Caldo Básico Dashi (receita na página 212)

2 colheres (sopa) de shoyu (molho de soja)

Cerca de 1 colher (café) de açúcar

PARA A PIMENTA-VERDE

2 pimentas-verdes americanas (ou doces)

PREPARO DA CARNE

Tempere o carrê com sal. Amasse grãos de pimenta a gosto e espalhe-a sobre a carne. Aqueça uma frigideira e adicione um fio de óleo. Em fogo alto, doure os dois lados do carrê. O chef recomenda malpassado. Depois, passe-o para uma fôrma refratária e leve-a ao forno preaquecido (200 °C). Asse-o por uns 3 minutos, até dourar, e retire-o do forno. Para finalizar, regue o carrê com o saquê e flambe-o.

PREPARO DA BARDANA

Descasque a bardana e deixe-a mergulhada na água com limão por 1 h, para retirar o amargor. Numa panela com água e o arroz, faça um pré-cozimento rápido da bardana. O arroz também ajuda a retirar o amargor. Depois, acrescente o mirin e deixe cozinhar. Em outra panela, misture 12 colheres (sopa) de caldo dashi, o shoyu e açúcar a gosto. Retire da outra panela a bardana já cozida e adicione-a a esse caldo. Cubra com papel--alumínio e deixe cozinhar em fogo baixo, para que não seque.

PREPARO DA PIMENTA-VERDE

Lave as pimentas e fure-as com um palito. Grelhe-as numa frigideira, sem óleo.

APRESENTAÇÃO

Para servir, arrume num prato o carrê, a bardana e as pimentas grelhadas.

ARROZ JAPONÊS COM GENGIBRE E MISSOSHIRU ESPECIAL
SHÔGA GOHAN TO AKADASHI MISSOSHIRU

Uma refeição frugal, com toques mágicos. No arroz, o irresistível aroma de gengibre
aguça o paladar por meio do olfato, e o missoshiru transmite vigor e é estimulante.

ARROZ JAPONÊS COM GENGIBRE E MISSOSHIRU ESPECIAL
SHÔGA GOHAN TO AKADASHI MISSOSHIRU

INGREDIENTES PARA 5 PORÇÕES
ARROZ
3 copos de arroz japonês
30 g de gengibre
2 ½ copos (250 ml) de água
½ copo (100 ml) de saquê
60 ml de shoyu
3 cm de alga konbu

MISSOSHIRU ESPECIAL
500 ml de Caldo Básico Dashi (receita na página 212)
100 g de akadashi missô (pasta de soja)
200 g de nameko (cogumelo) em conserva
20 g de tofu
⅓ colher (sopa) de alga wakame, seca
5 g de cebolinha picada
Conserva de legume a gosto (opcional)
O chef indica takuan (nabo curtido)

PREPARO DO ARROZ

Lave o arroz e escorra bem. Corte o gengibre em tiras finas e reserve.

Misture a água, o saquê e o shoyu numa panela e leve-a ao fogo. Quando levantar fervura, desligue o fogo, acrescente o konbu, o gengibre e o arroz e deixe-o descansar por 15 minutos, para que os grãos absorvam o caldo. Depois, cozinhe o arroz da forma tradicional, com um pouco menos de água, uma vez que ele já estará estufado com líquido.

PREPARO DO MISSOSHIRU ESPECIAL

Prepare o caldo dashi conforme indicamos na receita.

Leve a panela com o caldo ao fogo e, quando levantar fervura, acrescente o nameko, o tofu, o wakame e a akadashi missô.

Sirva em tigelas individuais com um toque de cebolinha picada.

APRESENTAÇÃO

O arroz poderá ser servido numa tigela de cerâmica, e a sopa (missoshiru), numa tigela de madeira laqueada. A conserva de legumes é opcional.

RABADA À MODA JAPONESA

Na região de Sendai, zona atingida pelo terremoto e pelo tsunami de 2011, os japoneses preparam a rabada. Esta é uma adaptação da rabada japonesa ao estilo brasileiro, servida com o molho de ponzu, uma fruta cítrica do Japão.

RABADA À MODA JAPONESA

INGREDIENTES PARA 6 PORÇÕES
1 kg de rabo de boi
100 ml de cachaça
2 cabeças de alho cortadas ao meio
1 maço de cebolinha
1 cenoura cortada em rodelas
2 cebolas
10 g de pimenta-do-reino

PURÊ DE CARÁ
2 carás
1 colher (chá) de Caldo Básico Dashi (receita na página 212)
1 colher (café) de pasta wasabi comprada pronta

COMPLEMENTOS
1 maço de espinafre
½ nabo
1 pimenta dedo-de-moça
½ maço de cebolinha picada

MOLHO PONZU
6 laranjas-peras
4 limões
1 concha de vinagre de arroz
Caldo Básico Dashi (receita na página 212) na mesma quantidade dos
ingredientes acima
250 ml de shoyu Kikkoman Less Sodium (embalagem verde)
1 concha de katsuobushi (peixe bonito) em lascas

PREPARO DO MOLHO PONZU

Extraia o suco das laranjas e dos limões, reserve as cascas de ambos e coe. Acrescente o vinagre, o caldo dashi, o shoyu e metade das cascas de laranja e do limão e deixe-as imersas no molho. Depois adicione o katsuobushi e deixe descansar por um dia.

No dia seguinte, coe e utilize. O molho ponzu dura, no máximo, uma semana; por isso não prepare com muita antecedência e, se necessário, conserve-o na geladeira.

PREPARO DA RABADA

Lave o rabo e coloque-o na panela de pressão. Cubra-o com água, acrescente a cachaça, as cabeças de alho cortadas ao meio, metade da cebolinha, 1 cebola, 1 cenoura cortada em rodelas e a pimenta-do-reino e leve ao fogo.

Espere que a válvula da panela de pressão comece a vibrar e marque mais 40 ou 45 minutos.

PREPARO DO PURÊ DE CARÁ E DOS COMPLEMENTOS

Lave os carás, descasque-os e corte-os em fatias. Em seguida, afervente-os até amolecer. Então, amasse em uma peneira para obter o purê. Acrescente o caldo dashi e à pasta de wasabi e misture tudo. Reserve.

Cozinhe o espinafre ou, para conservar melhor seus nutrientes, prepare-o no vapor.

Rale o nabo, pique a pimenta dedo-de-moça e a cebolinha restante e misture tudo.

APRESENTAÇÃO

Coloque o purê no prato e, em seguida, a rabada, o espinafre, o nabo ralado e a cebolinha picada.

Finalize regando com o molho ponzu.

UNAGUI COM BOLINHO DE ARROZ GRELHADO
UNAGUI NO KABAYAKI TO YAKI ONIGUIRI

O unagui (enguia) é muito apreciado e popular no Japão, sendo considerado um alimento energético. Aqui, o chef Shin sugere um molho adocicado acompanhando o também popular bolinho de arroz japonês, levemente grelhado.

UNAGUI COM BOLINHO DE ARROZ GRELHADO
UNAGUI NO KABAYAKI TO YAKI ONIGUIRI

INGREDIENTES PARA 1 PORÇÃO
100 g de unagui (ou enguia)

BOLINHO DE ARROZ GRELHADO
12 g de arroz japonês já cozido
10 ml de shoyu
10 ml de saquê
2 pimentas-verdes americanas
1 talo de cebolinha japonesa

MOLHO TARÊ
50 ml de shoyu
50 ml de saquê
60 g de açúcar
3 cm de alga konbu

PREPARO DO UNAGUI
Grelhe o unagui em fogo baixo e reserve.

PREPARO DO BOLINHO DE ARROZ GRELHADO
Molde um bolinho de arroz redondo, sem recheio, e deixe descansar um pouco para que fique sequinho. Depois, grelhe-o numa frigideira, sem acrescentar óleo, para que fique dourado e crocante por fora.
Misture o shoyu e o saquê e regue o bolinho com esse molho, ainda na frigideira, para temperá-lo e dourá-lo um pouco mais.
Em seguida, grelhe, também sem acrescentar óleo, as pimentas e a cebolinha.

PREPARO DO MOLHO TARÉ
Numa panela, misture o shoyu, o saquê e o açúcar e leve-a ao fogo baixo. Deixe-a no fogo até o conteúdo ser reduzido à metade. Em seguida, acrescente a alga konbu, para finalizar.

APRESENTAÇÃO
Numa travessa de porcelana, arrume o unagui grelhado e regue-o com o molho taré. Disponha também o bolinho de arroz, a cebolinha e as pimentas, que serão ótimos acompanhamentos.

SUSHI DE PARGO EM BARRA
TAI NO BÔZUSHI

A proposta desta receita é um sushi num formato diferente do que é servido usualmente nos restaurantes. O peixe pargo combinado com o camarão seco, típico da Amazônia, dá um toque especial ao sabor do sushi.

SUSHI DE PARGO EM BARRA
TAI NO BÔZUSHI

INGREDIENTES PARA 5 PORÇÕES
1 filé (200 g) de pargo, com pele
5 g de shari (arroz para sushi já cozido)
Pimenta dedo-de-moça

PARA SERVIR
2 folhas de shiso (ou perilla) cortadas em tiras
1 pimenta dedo-de-moça
¼ talo de alho-poró
Pasta de yuzu
Camarão seco da Amazônia
Karasumi (ovas de tainha defumada)

SHARI
(arroz de sushi já cozido)
2 xícaras (chá) de arroz japonês
3 xícaras (chá) de água mineral
½ xícara (café) de vinagre de arroz
3 colheres (sobremesa) de açúcar
1 colher (café) de sal
2 pedaços (5 cm) de alga konbu

PREPARO DO SHARI
Lave o arroz com água filtrada e deixe-o de molho por 30 minutos. Lave-o
novamente, até a água ficar cristalina. Então adicione a água mineral e

cozinhe o arroz em fogo brando, tampado, até ele secar e ficar bem inchado. Enquanto isso, para o tempero, misture o vinagre, o sal e o açúcar em fogo alto, mexendo com uma colher de pau para dissolver o açúcar e evitar que grude no fundo. Apague o fogo antes de ferver. Acrescente os pedaços de konbu e reserve.

Coloque o arroz ainda quente em uma tina de madeira ou bacia de plástico e despeje devagar a mistura de vinagre, mexendo com movimentos rápidos. Enquanto isso, abane a tigela ou coloque-a sob um ventilador, para que o arroz esfrie e não fique melado. Mantenha-o coberto com um pano úmido.

PREPARO DO PARGO

Tempere o pargo, sem retirar a pele, com um pouco de sal e deixe-o descansar sobre uma peneira de bambu (zaru) por 10 a 15 minutos. Enquanto isso, aqueça água.

Enxágue o peixe com água quente. Deixe-o esfriar em água gelada. Elimine o excesso de água, corte-o em tiras e reserve.

Para montar o sushi, forre o sudarê (esteira de bambu) com filme plástico. Em seguida arrume o peixe, cortado em tiras, metade do shari e estenda tiras de folha de shiso por cima. Cubra com o restante do shari e enrole o sudarê, apertando-o levemente para dar forma ao sushi.

Abra o sudarê e corte o sushi em pedaços de 2 cm de espessura, mantendo o filme plástico. Em seguida, retire o filme.

APRESENTAÇÃO

Disponha os sushis enrolados em um prato de cerâmica e acrescente pedaços de pimenta dedo-de-moça, um pouco de pasta de yuzu e camarão seco.

Decore com fatias de karasumi e tiras finas de alho-poró.

CARPACCIO DE WAGYÛ À MODA JAPONESA

O wagyû, ou bife kobe, é uma das carnes mais nobres do mundo. Uniformemente marmorizada, ela se torna tão macia que derrete na boca. Aqui o chef Shin Koike sugere o corte da carne em finas fatias, como é oferecida no shabu-shabu, o cozido de carnes vegetais variados, guarnecida com macarrão soba, de trigo sarraceno, ao molho de tahine.

CARPACCIO DE WAGYÛ À MODA JAPONESA

INGREDIENTES PARA 1 PORÇÃO

3 fatias finas do filé-mignon de wagyû fresco

20 g de soba (macarrão de trigo sarraceno)

3 folhas de shiso (ou perilla)

MOLHO

1 colher (sopa) de tahine (pasta de semente de gergelim)

2 colheres (sopa) de leite

2 colheres (sopa) de molho ponzu

1 dente de alho ralado

1 colher (café) de gengibre ralado

PREPARO DO CARPACCIO

Congele o filé superficialmente, apenas para facilitar o corte.

Depois que estiver firme, corte a carne em três fatias finas.

Cozinhe o macarrão em bastante água fervente e, quando estiver no ponto desejado, escorra, passe em água fria e reserve.

PREPARO DO MOLHO

Misture todos os ingredientes e deixe na geladeira até o momento de servir.

APRESENTAÇÃO

Numa travessa pequena, arrume o soba e distribua por cima as folhas de shiso e o carpaccio e regue com o molho.

TOFU DE GERGELIM
GOMADÔFU

Considerado um prato importante da shôjin ryôri, a culinária vegetariana japonesa, o gomadofu pode ser uma ótima entrada, pela leveza e delicadeza de sua textura. Ele não é propriamente um tofu, pois não é obtido por meio da coagulação do leite de soja, e sua preparação é muito simples. Um dos seus ingredientes é o amido de kuzu, a raiz de uma trepadeira nativa do Japão (*Pueraria lobata*), conhecida popularmente como araruta nipônica. Esta é o espessante ideal para a preparação desta receita, pois dá elasticidade e consistência, sem interferir no sabor. Aqui o amido é combinado com o tahine, a pasta de gergelim.

TOFU DE GERGELIM
GOMADÔFU

INGREDIENTES PARA 16 FATIAS

150 g de tahine (pasta de gergelim)

3 litros de água mineral ou filtrada

150 g de amido de kuzu

1 colher (chá) de sal

1 colher (sopa) de saquê

1 colher (café) de açúcar

CALDO DE SOBA

500 ml de Caldo Básico Dashi (receita na página 212)

2 colheres (sopa) de shoyu (molho de soja)

1 colher (sopa) de saquê seco

PARA A MONTAGEM DO PRATO

110 g de ovas de salmão

2 colheres (sopa) de wasabi (ou raiz-forte) comprada pronta

PREPARO DO TOFU DE GERGELIM

Dilua o tahine em 1 litro de água (mineral ou filtrada) e peneire com um

pano de algodão. Reserve todo o líquido, torcendo bem o pano utilizado

Peneire o amido de kuzu duas vezes e acrescente-o ao caldo de tahine.

Misture o sal, o saquê, o açúcar e os dois litros restantes de água e leve ao fogo alto. Mexa sem parar para não formar grumos. Aos poucos, diminua o fogo e continue o cozimento até obter um creme. Isso leva cerca de 40 minutos.

Despeje o creme quente numa fôrma refratária de inox (25 x 25 cm), para que fique fácil desenformar. Cubra com papel--alumínio e mergulhe numa fôrma com água e gelo, para resfriar rapidamente.

Corte-o em quadrados e mantenha a fôrma mergulhada na água gelada por uns 20 minutos, até que o creme fique consistente.

PREPARO DO CALDO DE SOBA

Prepare o caldo dashi e acrescente o shoyu e o saquê. Aqueça em fogo médio até começar a levantar fervura.

APRESENTAÇÃO

No momento de servir, retire a fôrma da água e distribua as porções em tigelas individuais, guarnecidas com caldo de soba. Decore com ovas de salmão e um toque de wasabi.

OVO PERFEITO
ONSEN TAMAGO

O ovo perfeito é uma tendência na alta gastronomia. No Japão os ovos eram cozidos em águas termais de alta temperatura, daí o nome *onsen tamago* (literalmente, ovo cozido nas termas). O resultado é o ovo com gema cremosa e clara macia. O chef Shin Koike faz uma releitura dessa tradição e propõe o inverso: o ovo fica com a gema consistente e com a clara mole.

OVO PERFEITO
ONSEN TAMAGO

INGREDIENTES PARA 1 PORÇÃO

1 ovo inteiro

Sal

1 colher (chá) de vinagre

1 lula (60 g) fresca, limpa

1 colher (chá) de cogumelo nameko, em conserva

½ colher (café) de alga wakame, seca

Pepino fatiado (uma porção pequena)

1 limão-siciliano

2 colheres (sopa) de Caldo de Soba (receita na página 248)

½ colher (café) de gengibre ralado

PREPARO

Deixe o ovo descansar em temperatura ambiente, em água salgada (proporção de 10% de sal em relação à medida de água) por 10 minutos.

Numa panela, aqueça água suficiente para cobrir o ovo. Quando levantar fervura, apague o fogo e acrescente o vinagre e o ovo, com cuidado para não quebrá-lo. Tampe a panela e deixe-o descansar durante 20 minutos. Retire o ovo da panela e mergulhe-o na água gelada até que esfrie completamente. Reserve.

Enquanto o ovo esfria, prepare o sashimi de lula.

Limpe a lula e retire a pele com uma faca apropriada. Depois, corte-a em tiras de 2 mm de espessura.

Prepare o caldo de soba conforme indicado na receita.

APRESENTAÇÃO

Elimine a casca do ovo e coloque-o numa tigela. Em seguida, adicione o sashimi de lula, o nameko, pepino fatiado e o wakame. Decore com limão-siciliano e cubra com o caldo de soba. Para finalizar, adicione o gergelim ralado.

Sugestão do chef: caso não tenha lula fresca, você pode substituí-la pelo macarrão somen.

SUFLÊ DE CHOCOLATE COM TIRAMISÙ DE TOFU E PASTEL DE SOBA

Esta sobremesa festiva promove a harmonização de muitos sabores e texturas. O encontro do suflê de chocolate com tiramisù de tofu é inusitado, e, para acentuar mais ainda o conjunto, o chef Shin Koike adiciona um pastel de soba.

SUFLÊ DE CHOCOLATE COM TIRAMISÙ DE TOFU E PASTEL DE SOBA

INGREDIENTES PARA 12 PORÇÕES

SUFLÊ

6 ovos

120 g de açúcar

30 g de farinha de trigo

160 g de chocolate amargo, em barra

50 ml de leite

50 g de manteiga

TIRAMISÙ

100 g de queijo mascarpone

125 g de açúcar

1 tofu (400 g) do tipo kinugoshi

250 g de creme de leite fresco

10 g de gelatina em pó, incolor e sem sabor

PASTEL DE SOBA

80 g de trigo sarraceno

80 g de farinha de trigo

80 ml de água mineral ou filtrada

PREPARO DO SUFLÊ

Separe os ovos e reserve as claras.

Na tigela da batedeira, misture as gemas, 50 g de açúcar e a farinha de trigo. Bata até obter uma textura cremosa. Reserve.

Usando a batedeira, bata as claras com o restante do açúcar em ponto de merengue e reserve.

Derreta o chocolate amargo em banho-maria, com o leite e a manteiga, e deixe esfriar.

Misture o creme de gema com o chocolate derretido e em seguida adicione o merengue, misturando delicadamente.

Divida a mistura entre cumbuquinhas ou ramequins e asse em banho-maria, em forno quente (180 °C), preaquecido, por 30-40 minutos.

PREPARO DO TIRAMISÙ

Misture o mascarpone com 1 colher (sobremesa) de açúcar e reserve.

Lave o tofu, seque e passe na peneira. Acrescente 1 colher (sobremesa) de açúcar, misture bem e reserve.

Junte o creme de leite e ½ colher (sobremesa) de açúcar e bata até obter uma mistura cremosa.

Dissolva a gelatina com um pouco de água e aqueça-a no micro-ondas por 40 segundos.

Misture bem o mascarpone, o tofu, o creme batido e a gelatina dissolvida e deixe a mistura na geladeira por 6 horas.

PREPARO DO PASTEL DE SOBA

Misture o trigo sarraceno, a farinha de trigo e a água e sove a massa até que ela não grude nas mãos.

Abra a massa com rolo até deixá-la o mais fina possível. O ideal é chegar a 1 milímetro de espessura. Recorte-a em triângulos e frite-os em óleo quente.

APRESENTAÇÃO

O chef aconselha resfriar um pouco o suflê, para que fique parecido com um brownie. Acrescente uma porção de tiramisù e decore com o pastel de soba. Se quiser, complemente com sementes de groselha e gergelim e polvilhe açúcar de confeiteiro. Para enriquecer a sobremesa, use uma uchuva (ou physalis).

CHEESECAKE DE TOFU COM CALDA DE FRUTAS VERMELHAS

No Japão, é comum preparar sobremesas à base de tofu. O chef Shin Koike introduziu essa opção em seu cardápio, na qual combina as raízes japonesas com sua formação na escola francesa de gastronomia.

CHEESECAKE DE TOFU COM CALDA DE FRUTAS VERMELHAS

INGREDIENTES PARA 10 PORÇÕES

CHEESECAKE

10 g de gelatina em pó, incolor e sem sabor

1 tofu (400 g) kinugoshi

125 g de cream cheese

250 ml de creme de leite fresco

125 g de açúcar

1 limão

CALDA DE FRUTAS VERMELHAS

50 g de sementes de groselha ou flor de ume (ameixeira) cortada em tiras

25 g de amora

50 g de framboesa

100 g de açúcar

100 ml de água mineral ou filtrada

20 ml de rum

36 g de amido de milho

PREPARO DO CHEESECAKE

Lave o tofu e seque-o com um pano de algodão.

Numa vasilha, peneire o tofu, adicone o cream cheese, derretido em banho-maria e misture bem. Acrescente 50 g de açúcar e raspas de casca de limão a gosto. Depois, junte o suco do limão passado pela peneira. Misture novamente e reserve.

Usando a batedeira, bata o creme de leite e o restante do açúcar até obter um creme de consistência firme. O chef recomenda que a mistura de tofu com cream cheese e o creme batido tenham a mesma consistência, cremosa sem ser firme demais.

Dissolva a gelatina com um pouco de água e aqueça no micro-ondas por 40 segundos.

Junte o creme de cream cheese, o creme batido e a gelatina dissolvida e misture muito bem. Despeje numa fôrma e deixe descansar na geladeira por 1 hora.

PREPARO DA CALDA

Numa panela, junte as sementes de groselha (ou a flor de ume), as amoras, as framboesas, o açúcar e a água. Misture e leve ao fogo baixo. Deixe ferver por 10 minutos e acrescente o rum.

Dissolva o amido de milho em um pouco de água e acrescente à calda aos poucos e mexendo sempre. Mantenha no fogo até a calda engrossar. Deixe esfriar.

APRESENTAÇÃO

Corte o cheesecake em cubos e sirva com a calda vermelha a gosto. Use uchuvas (ou physalis) para decorar.

SORVETE DE RAPADURA COM GELATINA DE CAFÉ

Esta sobremesa é uma homenagem aos sabores e aromas do Brasil. Inspirado no açúcar mascavo japonês (kokutô), o chef Shin Koike o substitui por rapadura, agrega cachaça e propõe uma gelatina de café.

SORVETE DE RAPADURA COM GELATINA DE CAFÉ

INGREDIENTES PARA 15 PORÇÕES
1 pote de sorvete de creme de 1 litro
80 g de rapadura
40 ml de cachaça

GELATINA DE CAFÉ
5 g de gelatina em pó, incolor e sem sabor
225 ml de café preparado, sem açúcar
15 ml de licor de café

Dilua a gelatina em 3 colheres (sopa) de água e aqueça no micro-ondas por 30 segundos. Acrescente o café e o licor de café e misture bem. Despeje numa fôrma de 20 x 12 cm e deixe na geladeira por 2 horas, ou até a gelatina ficar firme. Corte-a em cubinhos.

APRESENTAÇÃO

Deixe o sorvete em temperatura ambiente até ficar ligeiramente amolecido e sirva-o em tigelinhas individuais, adicionando os cubinhos de gelatina de café junto à bola de sorvete.

LEGENDAS EXPLICATIVAS

GASTRONOMIA É ARTE?

p. 4-5
Facas Aritsugu, confeccionadas artesanalmente com técnica que remonta a mais de 400 anos. Shin Koike herdou a faca de baixo do pai, e ela está menor de tanto já ter sido amolada.

p. 10
Yakigani (King crab do Alasca grelhado) - apoiado em uma cama de sal com clara de ovo e limão-siciliano.

p. 12
Um prato festivo, que o chef Shin Koike chama de Kaisen Jû: uma farta seleção de frutos do mar sobre arroz de sushi. Entram: sashimi de pargo com pimenta de yuzu, olhete (buri), atum com nabo e broto de nabo, tartare de peixe carapau com gelatina de ponzu, robalo com pimenta yuzu, polvo com pasta de pimenta kanzuri, caviar e ovas de salmão, lula, ovas de ouriço-do-mar, enguia, folha de shiso, broto de rabanete, broto de nabo, pepino, casca de laranja yuzu em fatias.

p. 20
Sashimi de Camarão com Robalo: robalo, camarão, cabeça de camarão frito, nabo, cebolinha e pepino, com uma folha de capuchinho e tomate cereja para enfeitar e uma fatia de limão-siciliano. Tudo imerso no molho ponzu.

p. 23
Visual festivo para começar o ano: osechi ryôri.

p. 26
Merluza negra, com molho yuzu-misso (pasta de missô com suco de laranja yuzu), cogumelo eringue, espinafre hôrensô, flor de abóbora kabotcha e gengibre curtido.

p. 28
Filé Mignon grelhado com molho de tarê e vinho tinto seco, berinjela grelhada e foie-gras com pimenta-rosa.

p. 29
Salada Hiyashi Chuka: macarrão frio em caldo agridoce com leve toque de óleo de gergelim, com fios de omelete doce, tomate, naruto (massa de peixe) e pimentão.

p. 31
Pargo (tai) com gengibre ralado, camarão, cenoura e espinafre hôrensô.

p. 44
Moqueca Japonesa (Burajiru-fu Yosenabe). Camarão, peixe tamboril (ankô), patas de king crab do Alasca, marisco branco, tomate, cogumelo, cebolinha japonesa, acelga chinesa, pimenta americana verde com caldo de tucupi (caldo de mandioca típico da Amazônia).

p. 47
Fatias de sashimi de atum são envoltas em alga marinha frita (maguro no isobeyaki) e depois imersas no molho ponzu, com nabo ralado levemente apimentado, uma semente de guin-nan (gingko biloba), tiras de alho-poró, cebolinha japonesa e pimenta americana, tudo grelhado.

p. 48-49
Pargo e camarão grelhado. Uma pitada de flor de sal e aspargo, cogumelo shimeji, cebolinha, nabo ralado e limão-siciliano.

p. 52-53
Ilustrações: cortesia da Kikkoman.

p. 54
O pai de Shin, Shoji (à direita), em seu balcão de sushi.

p. 55
Sr. Shoji Koike com uma assistente.

p. 58
Um niguirizushi de atum (maguro), com brotos de nabo (kaiware), decorado com abóbora em tiras.

p. 58
Niguirizushi de peixe serra (katsuo), grelhado, com uma pitada de pasta de yuzu, pimenta vermelha seca cortada em tiras bem finas e gari (gengibre curtido).

p. 59
Niguirizushi de atum (maguro), com ovas de ouriço-do-mar, acompanhado de pepinos prensados no sal.

p. 59
Niguirizushi de robalo (suzuki), com karasumi (ovas defumadas de tainha), nabo ralado e cebolinha, com gengibre curtido.

p. 60
Tirashizushi: são peixes e frutos do mar sobre uma cama de arroz de sushi. Aqui, o chef Shin preparou o tirashi com vieira crua do Canadá, ovas de ouriço-do-mar, ovas de salmão, ovas de capelim laranja, importado dos Estados Unidos. Acompanha nabo ralado levemente apimentado, ciboulette e folhas de ouro.

p. 62
A mais frugal das refeições: arroz branco, missoshiru, tsukemono (no caso, chuchu), salmão grelhado e uma pimenta americana.

p. 64
Foto: Kanga-an.

p. 66
Foto: Japan National Tourism Organization.

p. 70
Refinamento visual no arranjo para o osechi ryôri.

OS MANTRAS DO SABOR

p. 74-75
No Empório Luso-Brasileiro Rei do Bacalhau, Mercado Municipal de São Paulo, sendo atendido por seu proprietário, Marcelo Nunes.

p. 76
Observando sabores subliminares no Mercado Municipal de São Paulo.

p. 78-79
Provando sabores brasileiros: suco de açaí do Banana Juice, no Mercado Municipal de São Paulo.

p. 82
Sabores paulistanos: o icônico e generoso sanduíche de mortadela do Bar do Mané, no Mercado Municipal de São Paulo.

p. 83
Provando sabores brasileiros, servido por Marcos Rogério Coelho Martins. Em O Empório das Frutas, Mercado Municipal de São Paulo.

p. 87
Shin com a mãe, Nori Koike.

p. 88
Avaliando o peixe do dia. Em Pescados Crescente.

p. 90
Segurando um peixe-sapo. Em Pescados Crescente, Mercado Municipal de São Paulo.

p. 92
Um owan ryôri, caldo servido em tigela de madeira laqueada (owan). Aqui o chef Shin propõe um de camarão e pargo ensopado com legumes. Entram também ervilha torta, cogumelo nameko, macarrão sômen, um umeboshi – ameixa japonesa em conserva –, gengibre e minicenoura, em caldo de peixe extraído com alga konbu, gengibre, saquê e temperado com sal.

p. 95
Siri-mole frito, ao estilo karaague. O siri-mole é envolto em amido de milho antes de ser frito. Decorado com semente de guin-nan (gingko biloba) e pimenta biquinho. Acompanha um molho ponzu.

p. 96
Tofu frito (aguedashidôfu) e uma seleção de legumes, também fritos com caldo de soba, acompanhado de cogumelo nameko, nabo ralado com gengibre e mizuna, uma hortaliça também conhecida como mostarda japonesa. Na seleção de legumes entram: aspargo, berinjela, abóbora japonesa, broto de bambu.

p. 97
Um bolinho de soba (trigo sarraceno), frito. Envolto com kinako (farinha de soja torrada) e servido com sorvete de chá verde com chips de chocolate.

p. 98
O chef Shin Koike não é um barman, mas desenvolveu esta receita para os dias quentes de verão. Batizado de Sunset Romã, vai champanhe com gelatina kanten feito de vinagre de romã e pêssego (produto da Kikkoman), com sementes de romã.

p. 102
O sushi prensado é chamado de batterazushi. Aqui o chef Shin preparou o battera com o carapau (aji), em salmoura, e envolve com shiroita konbu, uma alga própria para este tipo de sushi. No *topping*, gergelim branco.

p. 103
Niguirizushi de vieira (hotate) A vieira é canadense, maior e mais carnuda que a brasileira. Aqui ela recebe um toque de pasta de yuzu (cítrico japonês). Acompanha uma pequena porção de gari (gengibre curtido).

p. 106
Sashimi de atum com molho de kimizu (maguro no kimizuzoe) – aqui as fatias de atum recebem um molho à base de gema de ovo, um pouco de saquê e vinagre. Para acompanhar, espinafre, nabo, cenoura e broto de nabo. Flocos de katsuobushi, peixe seco, e gergelim ralado, para dar o perfume.

p. 110
Espetinho de picanha com cebolinha japonesa e pimenta americana verde com nabo ralado.

p. 112
O chef em entrevista para a editora Marta Barbosa, da Revista *Prazeres da Mesa*.

p. 116
Uma montagem de sashimi de atum e pargo.
Entram cará fatiado com broto de nabo (kaiware) envolto no sashimi de atum, nabo com ameixa japonesa em conserva (umeboshi), pepino, abóbora japonesa kabotcha e nabo em tiras, com wasabi.

p. 117
Com o jovem Sasaki, braço direito do chef Shin Koike, no Aizomê.

p. 118
Trocando impressões com o chef Adriano Kanashiro.

p. 120
Workshop com Satoshi Sato, chef executivo do Restaurante Ginza Rangetsu (Tóquio), da divisão de Sukiyaki, e Adriano Kanashiro, ao fundo.

p. 121
Carne wagyû, berinjela fatiada e cogumelo shimeji grelhado sobre um molho à base de missô.

p. 122
Carpaccio de polvo com ovas de tainha defumada (karasumi), decorado com uma fina fatia de pimenta biquinho e uma tira de limão-siciliano. Decoração complementar: tiras de gengibre-mioga, tomate cereja, tiras de cebola roxa e folha de capuchinho.

p. 123
Pirarucu e moti à moda akedashi Peixe com uma pitada de sal, envolto com amido e frito.
O moti (bolinho de arroz glutinoso) é decorado com tiras de alho-poró e pimenta vermelha. Caldo leve para macarrão soba.

p. 124
Ensopado de camarão com vieira e legumes
Sômen (macarrão fino), vieira, camarão, cebolinha japonesa, ervilha torta, gengibre-mioga com limão-siciliano em caldo dashi com gengibre.

p. 125

Tataki de filé-mignon, molho ponzu com nabo ralado, pimenta americana verde, com tiras fininhas de alho-poró e pimenta vermelha.
Molho ponzu: laranja-pera, limão, shoyu, katsuobushi (lascas de peixe seco) e vinagre.

p. 128

Ambientação retrô marca a identidade visual do novo templo gastronômico de Shin Koike.

p. 130

Reunião para discutir os detalhes do projeto. O sócio Roberto Ng, Lucia Miyuki, o produtor de arte Akira Goto e o arquiteto Samy Dayan.

O SABOR DO SOM

p. 153

Shin gosta de abastecer inspirações por meio da música. Apesar da sua agenda cheia, vez por outra, frequenta concertos e shows.

ENTRE RECEITAS E RECIPIENTES

p. 164

Konnyaku, feito à base de tubérculo, com molho de shoyu e gergelim.

p. 165

Frutos da época preenchem o recipiente produzido por Kimi Nii.

UMA EXPEDIÇÃO GASTRONÔMICA

p. 178

Shin colhe tenros brotos de bambu.

p. 178

Tripulação do primeiro projeto Eatrip.

p. 180

Tripulação Eatrip chegando em Ilha Grande.

p. 180

O editor Raimundo Gadelha e sua esposa, Marly Koraicho, se servem do sushi de boas-vindas preparado pelo chef Shin Koike.

p. 182-183

Nimono (cozido) numa cerâmica de Kimi Nii. No cozido entraram os brotos de bambu colhidos por Shin, alga konbu, nabo e pedaços de tofu.

p. 184

Milanesa de porco, com molho agridoce.

p. 185

Salmão ao molho de maracujá, um hit que o restaurante Rangetsu oferece ainda hoje em seu cardápio.

p. 192

Dona Tsuruco preparando o tofu: receita tradicional.

p. 193

Um ritual: orar pelos seres abatidos que serão preparados como alimento. Gratidão e reverência pela vida.

p. 195

Colhendo vieiras.

p. 195

Preparando a decoração do flutuante, cenário do jantar inesquecível.

p. 196

O chef Shin Koike preparou panceta (buta no kakuni), que foi disposta em cilindros de bambu, confeccionados lá mesmo na ilha.

p. 197

O escultor Yutaka Toyota observa a destreza do jovem chef Celso Amano, responsável pelos sushis da noite.

p. 198

Dupla dinâmica: chef Shin Koike e Celso Amano em produção. Aqui eles montam uma porção de sashimi com tempura de camarão e legumes, sobre um pedaço de folha de bananeira.

p. 198

A cerâmica de Kimi Nii adornando receitas simples e afetivas.

p. 199

Enfim, o tofu de dona Tsuruco. Aqui, combinado com quiabos.

p. 199

Sashimi de pargo.

p. 202

Ceviche de corvina.

p. 203

Sashimi de salmão, atum, polvo e o beijupirá pescado na Ilha.

RECEITAS

p. 246

Shin trabalhando na campanha de solidariedade às vítimas do terremoto e tsunami no Japão, em 2011, no Hotel Unique em São Paulo. Ele preparou o gomadofu, um prato representativo da culinária vegetariana budista. O gomadofu é feito com pasta de gergelim e amido de kuzu. Nesta receita, Shin o incrementou com ovas de salmão e wasabi. Veja em **Receitas**, como preparar.

4ª CAPA

Tsukemono de Chuchu
Shin e os sabores brasileiros. Para temperar a conserva de chuchu, Shin empregou sal e cachaça, em substituição ao tradicional missô. Por este espírito de brasilidade, escolhemos este prato, tão singelo e tão sincero, para ilustrar a última capa deste livro.

Jo Takahashi é produtor cultural e arquiteto. Depois de uma vivência de pesquisa acadêmica no Japão, trabalhou por quase trinta anos na Japan Foundation, onde foi diretor de arte e cultura. Esta experiência lhe permitiu desenvolver a curadoria para as comemorações do centenário da imigração japonesa no Brasil. Dedica-se agora ao desenvolvimento de conteúdos que priorizaram o cruzamento das culturas do Brasil e do Japão. Gosta de conceituar essa atividade como um "design de cultura". É o criador do portal Jojoscope.

Tatewaki Nio nasceu em Kobe, Japão, em 1971 e desde 1998 vive e trabalha em São Paulo. Formado em Sociologia na Universidade Sophia (Tóquio), estudou fotografia no curso de Bacharelado em Fotografia do Senac (São Paulo). Trabalha como fotógrafo correspondente para várias revistas do Japão, como a Pen, Cafe Sweets, Axxis, Brutus, Elle. Realizou exposições individuais com seus trabalhos autorais no Centro Cultural São Paulo, na Funarte São Paulo e no Centro Universitário Maria Antônia, da Universidade de São Paulo. Foi contemplado com o Prêmio Funarte de Arte Contemporânea em 2011.

Editora Melhoramentos

Takahashi, Jo
A cor do sabor: a culinária afetiva de Shin Koike / Jo Takahashi; fotos de
Tatewaki Nio. São Paulo: Editora Melhoramentos, 2012. (Arte Culinária Especial)

ISBN 978-85-06-01146-1

1. Culinária japonesa. I. Koike, Shin. II. Nio, Tatewaki.
IV. Título. V. Série.

12/233 CDD 641.5

Índices para catálogo sistemático:
1. Culinária japonesa   641.5
2. Receitas culinárias : Economia doméstica   641.5
3. Shin Koike – Culinária japonesa

Design gráfico e editoração eletrônica: Erika Kamogawa
Produção: Dô Cultural | Dirce Miyamura
Assistentes de Produção: Liliana Granja Morais
   e Sofia Nanka Kamatani
Fotografias: Tatewaki Nio |
   páginas 52 e 53 cortesia da Kikkoman |
   páginas 64 Kanga-an |
   páginas 66 Japan National Tourism Organization

© 2012 Jo Takahashi

© 2012 Editora Melhoramentos Ltda.

1.ª edição, novembro de 2012
ISBN 978-85-06-01146-1

Atendimento ao Consumidor:
Caixa Postal: 11541 – CEP 05049-970
São Paulo – SP – Brasil
Tel.: (11) 3874-0880
www.editoramelhoramentos.com.br
sac@melhoramentos.com.br

Impresso no Brasil

PATROCÍNIO